Für Oriana, die Unsterbliche

Henryk M. Broder

Kritik der reinen Toleranz

Pantheon

Für die vorliegende Paperback-Ausgabe wurde dem Buch
ein aktuelles Vorwort des Autors vorangestellt.

Verlagsgruppe Random House FSC-DEU-0100
Das für dieses Buch verwendete FSC-zertifizierte Papier
Munken Premium liefert Arctic Paper
Munkedals AB, Schweden.

Der Pantheon Verlag ist ein Unternehmen der
Verlagsgruppe Random House GmbH.

Erste Auflage
August 2009

Copyright © der Originalausgabe 2008 by wjs verlag,
Wolf Jobst Siedler jr., Berlin

Umschlaggestaltung: Jorge Schmidt, München
Druck und Bindung: GGP Media GmbH, Pößneck
Printed in Germany
ISBN: 978-3-570-55089-2

www.pantheon-verlag.de

Inhalt

7 Vorwort zur Paperback-Ausgabe:
Wir tolerieren uns zu Tode

19 Intoleranz ist eine Tugend

25 Toleranz ist eine feine Sache,
wenn man sie sich leisten kann

35 Toleranz reimt sich auf Distanz

49 Toleranz ist, wenn gebrannte Kinder
das Feuer suchen

63 Toleranz ist ein Liebesdienst –
am untauglichen Objekt

83 Toleranz ist die Vollendung guter Manieren

94 Toleranz ist die Fortsetzung der Ratlosigkeit
mit anderen Mitteln

114 Toleranz ist eine Einbahnstraße –
mit viel Gegenverkehr

134 Toleranz ist der Wille zur Ohnmacht

154 Toleranz heißt: Mengenrabatt für Intensivtäter

166 Toleranz ist: alles hören, alles sehen und nichts tun

185 Toleranz ist die Flucht in die
erzwungene Freiwilligkeit

194 Toleranz ist der dritte Weg zwischen Barbarei
und Hightech

210 Jetzt schlägt's dreizehn!

»*Ein Land ist nicht nur das, was es tut – es ist auch das, was es verträgt, was es duldet.*«

KURT TUCHOLSKY

Vorwort zur Paperback-Ausgabe

Wir tolerieren uns zu Tode

Stellen Sie sich einmal vor, Ihr Nachbar erzählt Ihnen die folgende Geschichte: Sein Freund Siggi hat sich in ein Mädchen namens Rachel, eine Jüdin, verliebt. Sie wollen heiraten und haben das Aufgebot schon bestellt. Im letzten Moment stellt sich heraus, dass sie seine leibliche Schwester ist und, noch schlimmer, dass sie beide Kinder eines Moslem sind. Die Hochzeit wird abgesagt, weil die Gäste aber schon eingetroffen sind, beschließen alle Beteiligten, einen Verein zur Förderung der Toleranz unter den Religionen zu gründen.

Wie würden Sie auf eine solche Geschichte reagieren? Sie würden vermutlich fragen: Wo ist denn diese Telenovela gelaufen? Satı oder RTL2? War es »Verbotene Liebe« oder »Sturm der Liebe«?, »Lindenstraße« oder »Marienhof«?

Weder noch, würde Ihr Nachbar antworten, denn er wollte nur Ihr Wissen auf die Probe stellen. Es ist nämlich der Plot eines Theaterstücks, mit dem Generationen von Schülern traktiert und über das mehr Abituraufsätze, Essays und Doktorarbeiten geschrieben wurden als über jedes andere Drama – die »Räuber« und »Hamlet« ausgenommen. »Nathan der Weise« von Gotthold Ephraim Lessing ist die Mutter aller interreligiösen Dialoge und multikultureller Exerzitien. Lange bevor die »Woche der Brüderlichkeit« eingeführt und der Spruch »Seid nett zueinander!« erfunden wurden, war dies genau die Botschaft, die Lessing seine Hauptfiguren verkünden ließ: Vertragt Euch! Habt Euch lieb! Seid tolerant!

Noch heute ist die Überzeugung weit verbreitet, Christen, Juden und Moslems müssten sich, um Konflikten aus dem Weg zu gehen, nur so verhalten wie Nathan, Saladin und der Tempelherr in Lessings Drama, das zur Zeit des Dritten Kreuzzugs (1189–1192) während einer Kampfpause in Jerusalem spielt. Zur Eröffnung des »Jüdischen Kulturbundes« wurde 1933 im bereits nazifizierten Berlin »Nathan« gespielt, unmittelbar nach dem Krieg war es das Stück, mit dem sich der deutsche Theaterbetrieb selbst entnazifizierte.

Immer noch steht der Begriff »Toleranz« hoch im Kurs. Es gibt etwa ein Dutzend Preise für Toleranz und Menschenrechte, die alljährlich in Deutschland verliehen werden, alle wollen tolerant sein, so wie alle Energie sparen und den CO_2-Ausstoß reduzieren wollen. Jeder Politiker, Verbandsfunktionär oder Kulturproduzent, der seine Rede mit den Worten »Es ist doch nur eine Frage der Toleranz...« anfängt, hat das Publikum schon auf seiner Seite. Nur die Floskel »Gerade wir als Deutsche...« ist ebenso beliebt und konsensstiftend.

Während heute alles »kritisch hinterfragt« wird, zählt Toleranz zu den Tugenden, die *a priori* gelten, die nicht einmal unkritisch hinterfragt werden. Obwohl sich seit Lessing und seit den »Toleranzedikten« von Katharina der Zweiten, Zarin von Russland und Herzogin von Holstein-Gottorf (1773), Josef des Zweiten, König von Böhmen, Kroatien und Ungarn (1781), Ludwig des Sechzehnten, König von Frankreich und Navarra (1787) und Friedrich Wilhelm des Vierten von Preußen (1847) vieles, eigentlich alles geändert hat.

Wir fahren nicht mehr mit der Kutsche von Hessen-Nassau nach Schaumburg-Lippe, wir verschicken unsere Briefe per E-Mail und nicht mit reitenden Boten, wir praktizieren das allgemeine Wahlrecht und schicken Politiker, die versagt haben, entweder ins Europaparlament oder zu den Vereinten Nationen, aber nicht mehr in ein Arbeitslager oder aufs Schafott; wir haben die Folter und die Todesstrafe abgeschafft und das Kindergeld und die Kilometerpauschale eingeführt; Abtreibung und Homosexualität wurden entkriminalisiert; Kinder dürfen nicht geschlagen werden, Vergewaltigung in der Ehe ist seit 1997 ein Straftatbestand; und wenn der afghanische Präsident ein Gesetz unterschreibt, das Männern die sexuelle Verfügungsgewalt über ihre Frauen sichert, dann sind wir empört und drohen mit dem Abzug unserer Truppen aus dem Hindukusch.

Wir garantieren jedem Täter ein faires Verfahren, sogar wenn er ein Kind entführt und ermordet hat; wir feiern den Karneval der Kulturen, den Christopher Street Day und die Love Parade, so wie früher Kirchweih und Schützenfest gefeiert wurden; wir stellen jedem Triebtäter einen Therapeuten an die Seite, wir geben sehr viel Geld für sozialpädagogische und sozialtherapeutische Projekte aus, die sich als so wirksam erweisen wie die Mund-zu-

Mund-Beatmung bei einem toten Fisch; wir lieben den Bauchtanz, rauchen die Schischa, spielen Scheschbesch, lösen Sudoku-Aufgaben und können es uns sogar vorstellen, ein langes Wochenende in einem buddhistischen Kloster in den Vogesen zu verbringen, vorausgesetzt, die Zeit wird als Bildungsurlaub anerkannt.

Wir sind tolerant vom frühen Morgen bis zum späten Abend, und wenn wir mal mitten in der Nacht aufwachen, weil der Nachbar über uns gerade seine Möbel umstellt, langen wir nicht zu, sondern greifen zur Ohropax-Dose, denn wir wollen nicht intolerant sein.

Angesichts der Tatsache, dass viele Kinder mit Migrationshintergrund kein Deutsch können, weil in deren Familien alles, nur nicht die Sprache des Landes gesprochen wird, in dem sie leben, diskutieren wir allen Ernstes, ob nicht die Kinder ohne Migrationshintergrund den anderen entgegenkommen und die fremde Sprache lernen sollten – was unter Umständen gar nicht verkehrt wäre, wenn man davon ausgeht, dass sich die Minderheit in einer Schulklasse der Mehrheit anpassen sollte. Und während ich dies schreibe, teilt mir ein Freund aus Kopenhagen mit, der Jugendbeauftragte der dänischen Hauptstadt, Bo Asmus Kjeldgaard, habe vorgeschlagen, Arabisch als zweite Fremdsprache an allen Schulen einzuführen, um die Integration muslimischer Schüler zu erleichtern. – Schaffe ich es nie, der Wirklichkeit um wenigstens eine Pointe voraus zu sein?

Wir sind nicht einmal in der Lage, ein allgemein verbindliches Tempolimit für die Autobahnen festzulegen.

Kurzum, wir tolerieren uns zu Tode, in der Theorie wie in der Praxis.

Zugleich aber ertönt jeden Tag aufs neue die Klage, dass es in der Gesellschaft einen akuten Mangel an Toleranz gibt, gegen den dringend etwas unternommen werden müsste. Als intolerant gilt zum Beispiel bereits, wenn man eine allein erziehende Mutter von fünf Kindern, die von Sozialhilfe lebt, danach fragt, warum sie den oder die Väter nicht zur Kasse bittet; noch intoleranter ist es, Zuwanderern, die eingebürgert werden möchten, die Frage zu stellen, ob die Bundesrepublik eine parlamentarische Demokratie, eine konstitutionelle Monarchie oder ein Aldi-Lidl-Norma-Laden ist, der rund um die Uhr aufhat. Der Gipfel der Intoleranz ist freilich erreicht, wenn man anonymen Autonomen das Recht verweigert, Autos anzuzünden, Geschäfte zu plündern und Polizisten zu verhauen.

Der Anmelder der Revolutionären Mai-Demo 2009, ein junger Mann von 21 Jahren, der als Abgeordneter in einer Berliner Bezirks-Verordneten-Versammlung bereits zum langen Marsch durch die Institutionen angesetzt hat, erklärte unmittelbar nach der Krawallnacht, bei der 440 Polizisten verletzt wurden, die Polizei habe die Demonstranten durch ihre Präsenz provoziert. Außerdem hätten sich die Polizisten die Verletzungen gegenseitig zugefügt, versicherte er, weil sie so ungeschickt vorgegangen wären.

Der Reporter des Tagesspiegels hatte die Ereignisse ein wenig anders wahrgenommen. Die eingesetzten Hundertschaften der Bundespolizei, schrieb er, wären »nicht Herr der Lage« gewesen, sondern »von den Randalierern regelrecht getrieben« worden. Über die Sachschäden in Millionenhöhe wurde überhaupt nicht gesprochen. Dabei wäre es doch gerade interessant gewesen zu erfahren, ob sie dem Anmelder der Demo in Rechnung gestellt wurden, der sie ja an seine Partei hätte weiterreichen können, die LINKE, die einerseits in Berlin mitregiert, andererseits vollkommen folgenlos mit dem rasenden Mob paktiert.

Ein Jahr zuvor, 2008, wollte sich der Berliner Polizeipräsident Dieter Glietsch ein Bild von der Lage vor Ort machen. Der Selbstversuch endete mit einer Blamage. Der Polizeipräsident wurde erkannt und musste von seinen Personenschützern im Laufschritt in Sicherheit gebracht werden. »Er kam mit dem Schrecken davon, blieb unverletzt«, freute sich der »Focus«. Dennoch blieb die Polizei bei ihrem Deeskalations-Konzept, ohne zu bedenken, dass auch dazu immer zwei gehören: Solche, die deeskalieren, und solche, die sich deeskalieren lassen.

Immerhin, 2009 wurde einer der Randalierer schon 14 Tage nach der Tat wegen schweren Landfriedensbruchs, versuchter gefährlicher Körperverletzung und Widerstands gegen die Staatsgewalt zu 14 Monaten auf Bewährung verurteilt. Dabei passte er gar nicht in das übliche Täterprofil: 57 Jahre alt, verheiratet und Vater von 7 Kindern. Nach dem Urteil durfte er gleich heim, zu seiner Familie, wo ihm kein Polizist über den Weg laufen wird, nach dem er eine Flasche werfen könnte.

Unter solchen Umständen kann es nicht überraschen, dass auch kleinere Malheurs unter »Kollateralschäden der Toleranz« abgebucht werden. Nachdem eine mutmaßliche Auto-Brandstifterin auf frischer Tat erwischt werden konnte, musste sie nach 12 Stunden wieder auf freien Fuß gesetzt werden, weil Polizei und Staatsanwaltschaft in Berlin sich nicht einigen konnten, ob die Verdachtsmomente für eine Festnahme ausreichend waren. »Die Polizei hat es versäumt, zügig sinnvolle Ermittlungsschritte durchzuführen und die Justiz umfassend zu informieren«, erklärte ein Sprecher der Justiz, während ein Sprecher der Polizei Zweifel anmeldete, ob bei der Justiz »wirklich alle Register gezogen worden sind«. Dabei werden in Berlin seit Jahr und Tag jede Nacht Autos abgefackelt, sodass Polizei und Justiz inzwischen eigentlich wissen müssten, wie in solchen Fällen vorgegangen werden muss: zügig, sinnvoll und umfassend.

Sie werden an dieser Stelle vielleicht einwenden, all das habe mit Toleranz bzw. Intoleranz nur bedingt zu tun, es handle sich vielmehr um Nachlässigkeit und Schlamperei im Amt. Stimmt. Dazu gehören auch die etwa 12 000 Raubdelikte pro Jahr, die in Berlin nur protokolliert und »wegverwaltet« werden, wie mir ein Polizeiermittler erklärte, vorausgesetzt, die Täter haben »gewaltfrei« gehandelt und niemanden verletzt.

Allerdings: Der Übergang von Toleranz zur Schlamperei bzw. umgekehrt ist fließend. »Zero Tolerance« bedeutet in New York etwas anderes als in Berlin: Dort Kampf gegen Verwahrlosung bevor sie in Kriminalität umkippt, hier die Verwandlung der Polizei in »Anti-Konflikt-Teams«, die bei Demos, Straßenfesten und Fußballspielen zum Einsatz kommen, »um das Gespräch mit Teilnehmern, Anwohnern, Zuschauern und Medienvertretern zu suchen, um Konflikten vorzubeugen und sie zu deeskalieren«. Die Angehörigen der 220 Mann starken Spezialeinheit sind an ihren neongelben Westen mit der Aufschrift »Anti-Konflikt-Team« und den schwarzen Baseball-Mützen leicht zu erkennen. In Wikipedia heißt es dazu: »Das vor allem durch das Basecap entstehende legere Erscheinungsbild soll bereits optisch deeskalierend wirken und steht damit im Gegensatz zu den Uniformen der Einsatzhundertschaften, die besonders bei aufgesetztem Helm von vielen als martialisch und provozierend empfunden werden.«

Würden die Beamten nur in Badehosen antreten und statt der legeren Basecaps Papierschiffchen auf dem Kopf tragen, ließe sich der deeskalierende Effekt noch optimieren und kein Autonomer käme auf die Idee, das Auftreten der Polizisten als »martialisch und provozierend« zu empfinden.

Toleranz ist nicht nur ein Euphemismus für Nachlässigkeit, Faulheit, Bequemlichkeit, Schlamperei, Trägheit und Gleichgültigkeit. Es ist auch eine Art von Vorauszahlung, die sich selten bezahlt macht. Eine Stewardess der British Midland Airlines (BMI), die der Anweisung der Gesellschaft nicht folgen wollte, auf Flügen nach Saudi-Arabien beim Verlassen des Flugzeugs eine Burka zu tragen, wurde daraufhin entlassen. Umgekehrt ist kein Fall bekannt, in dem die Mitarbeiterin einer arabischen Fluglinie die Order bekommen und verweigert hätte, bei Flügen nach Europa einen Minirock mitzunehmen.

Der iranische Präsident Ahmadinejad wurde im Jahr 2008 von »Channel 4« eingeladen, die »alternative« Weihnachtsansprache zu halten – in Konkurrenz zur Queen, die bei der BBC auftrat. Er nutzte die Gelegenheit, um seine übliche Propaganda »gegen die Tyrannei der vorherrschenden Politik und Wirtschaft« zu verbreiten, ohne die Verhältnisse in seinem Land zu erwähnen. Die Macher von »Channel 4« mögen das für einen guten Einfall gehalten und sich selbst zu ihrem Mut und ihrer Toleranz gratuliert haben. Denn nur zwei Jahre zuvor hatten sie sich nicht getraut, auch nur eine der 12 Mohammed-Karikaturen aus Jyllands-Posten zu zeigen, aus Angst diejenigen zu verärgern, die zum kulturellen Umfeld des iranischen Präsidenten gehören. Die Einladung an Ahmadinejad wurde zwar von Exil-Iranern, Regierungs- und Oppositionsabgeordneten kritisiert, aber »Channel 4« konnte sicher sein, dass kein Kritiker ein Büro des Senders überfallen und vandalisieren würde.

Der holländische Abgeordnete Geert Wilders, der bei uns gerne als »Rechtspopulist« bezeichnet und damit ins politische Abseits gestellt wird, hat Ende Mai mit einer Rede im Parlament eine Welle der Empörung ausgelöst. Er sagte, ganz Holland sei vom »Stockholm-Syndrom« befallen. Anlass seiner Feststellung war das Buch einer holländischen Journalistin, die von den Taliban als Geisel genommen und erst nach Zahlung eines Lösegeldes freigelassen wurde. »Zu Gast« bei den Taliban, wurde sie vom Kommandeur der Einheit mehrfach vergewaltigt, es kommt ja nicht oft vor, dass sich eine blonde Europäerin in das afghanisch-pakistanische Hochland verläuft. Nach ihrer Freilassung bedankte sich Joanie de Rijke bei ihren Entführern für die relativ gute Behandlung und versicherte, es sei nicht ihre Absicht gewesen, »die Taliban als Monster zu zeichnen«. Wilders wertete diese Äußerung als Beleg für den »moralischen Verfall der linken Elite«, deren einzige Sorge es wäre, »den Moslems nicht auf die Füße zu treten«, vermutlich habe die entführte Journalistin auch »Tee und Plätzchen« bekommen. Worauf Wilders in den Fokus der Kritik geriet. »Er betreibt Politik auf meinem Rücken«, klagte Joanie de Rijke. Und die halbe holländische Öffentlichkeit solidarisierte sich mit ihr – nicht gegen ihren Vergewaltiger, sondern gegen Wilders, der sich die Freiheit erlaubt hatte, das Kind beim Namen zu nennen.

Es ist noch nicht lange her, da wurde in der Bundesrepublik erbittert darüber diskutiert, ob man »Baader-Meinhof-Bande« oder »Baader-Meinhof-Gruppe« sagen sollte. Wer von einer »Bande« sprach, war ein Reaktionär, wer »Gruppe« sagte, der gehörte automatisch zu den Progressiven. Diese Diskussion erlebt heute ein Comeback – auf einem globalisierten Niveau. Sind die Taliban Terroristen oder Widerstandskämpfer? Nicht einmal die »tagesschau« und »heute« wollen sich festlegen und sprechen gerne von »radikalen Islamisten«, denn es soll ja auch »moderate« geben, vermutlich diejenigen, mit denen der rheinland-pfälzische Ministerpräsident Kurt Beck und der US-Vizepräsident Joe Biden verhandeln möchten.

Zum »Stockholm-Syndrom« gehört auch die Ausweitung der Toleranzzone, in der die Geisel und die Geiselnehmer, die Vergewaltiger und die Vergewaltigten, sich quasi auf Augenhöhe begegnen. Natascha Kampusch, die als Zehnjährige entführt und acht Jahre lang gefangen gehalten und missbraucht wurde, antwortete auf die Frage, ob sie mit ihrem Entführer auch Sex hatte, mit dem Satz: »Ja, aber es war freiwillig.« Die Fiktion der Freiwilligkeit in einer Situation, die keine Wahl zulässt, macht es dem Opfer leichter, sich damit abzufinden, dass es sich fügen muss, wenn es mit dem Leben davonkommen will. Das Kopftuch wird freiwillig getragen; ganz freiwillig, aus einem Bewusstsein der Verantwortung, haben die meisten Zeitungen darauf verzichtet, die Mohammed-Karikaturen aus Jyllands-Posten nachzudrucken; der Erzbischof von Canterbury plädiert vollkommen freiwillig für die Einführung der Scharia in Großbritannien, und die Mädchen in den von den Taliban beherrschten Gebieten gehen freiwillig nicht zur Schule und lassen sich freiwillig mit Männern verheiraten, die ihre Großväter sein könnten.

Dieser Begriff von Freiwilligkeit wird auch im aufgeklärten, die Willensfreiheit des Individuums preisenden Europa mit Wohlwollen und Toleranz aufgenommen. Er entspricht zwar nicht ganz unserem Verständnis von Freiwilligkeit, aber man möchte nicht anmaßend, intolerant und überheblich sein. Und schließlich: Vergewaltigung in der Ehe ist auch bei uns erst seit 1997 ein Straftatbestand. Da bleibt kein Platz für die Einsicht, dass nicht nur Individuen wie Natascha Kampusch und Joanie de Rijke, sondern ganze Gesellschaften als Geiseln genommen werden können, die dann zu »freiwilligen« Konzessionen bereit sind.

So viel Nachgiebigkeit verursacht natürlich auch ein

Unbehagen am eigenen Verhalten. Das muss bei passender Gelegenheit mit an Gnadenlosigkeit grenzender Härte kompensiert werden. Zum Beispiel wenn eine Kassiererin in einem Supermarkt, die zwei Leergutbons im Wert von 1,30 Euro klaut, daraufhin fristlos gefeuert wird. Wenn dagegen über 40 Prozent der Ostdeutschen die DDR »nicht für einen Unrechtsstaat« halten, dann halten wir ihnen tolerant zugute, dass sie auch 20 Jahre nach der Wende noch nicht in der Demokratie »angekommen« sind. Statt wenigstens zu fragen, ob der tolerante Umgang mit der DDR vor und nach 1989 nicht maßgeblich zu einer so massiven Wahrnehmungsstörung beigetragen hat.

Ich bin bei Lesungen aus diesem Buch oft gefragt worden, ob Toleranz gegenüber Intoleranten am Ende nicht doch besser wäre als Intoleranz im Dienste der Freiheit. Ob an dem Satz »Der Klügere gibt nach« nicht doch was dran wäre.

Nein. Es haben sich schon genug Dumme durchgesetzt.

Henryk M. Broder, Bloemendaal im Mai 2009

Intoleranz ist eine Tugend

Auch ich bin ein Bürger mit Migrationshintergrund. Zwölf Jahre nach dem Ende des Zweiten Weltkrieges beschlossen meine Eltern, Polen zu verlassen und nach Deutschland zu gehen. Eine merkwürdige Entscheidung für zwei polnische Juden, die zu den etwa zehn Prozent aller polnischen Juden gehörten, die den Holocaust überlebt hatten. Meine Mutter wurde von den Russen befreit, mein Vater von den Amis. Deswegen gab es in der Familie weder Antikommunismus noch Antiamerikanismus.

Den Deutschen gegenüber waren die Empfindungen dagegen ambivalent. Natürlich bewunderten meine Eltern die deutsche Kultur, obwohl sie weder Goethe noch Schiller je gelesen hatten; natürlich waren sie von der deutschen Disziplin und dem deutschen Fleiß angetan, obwohl ihnen diese »Sekundärtugenden« nach den Er

fahrungen, die sie in den Lagern gemacht hatten, auch verdächtig waren; natürlich sprachen sie Deutsch, wenn auch mit einem unüberhörbaren Tonfall, der vom Jiddischen und Polnischen eingefärbt war. Beide konnten sich gut artikulieren, machten aber Fehler, die ihnen nicht auszureden waren. Wollte meine Mutter eine Nachbarin fragen, wie sie sich fühlte, sagte sie: »Wie spüren sie sich heute?«

Ich selbst kannte, als wir im April 1957 in Wien eintrafen, zwei deutsche Ausdrücke, die ich irgendwo in Kattowitz, das bis 1918 deutsch war, aufgeschnappt hatte: »Achtung!« und »Heil Hitler!« Weil man damit aber nicht weit kommen konnte, engagierten meine Eltern als Erstes eine Privatlehrerin, die mir Deutsch beibringen sollte. Sie wollten mir die Peinlichkeit ersparen, ohne Sprachkenntnisse auf eine Schule zu kommen. Das einzige Problem dabei war, dass sie kein Geld hatten, um die Lehrerin zu bezahlen. Wir lebten von Sozialhilfe-Gutscheinen, die man in einigen Läden gegen Lebensmittel eintauschen konnte. Also verkauften oder versetzten sie irgendetwas, das sie aus Polen mitgebracht hatten. Die Situation besserte sich erst, als eine »Abschlagszahlung« auf die zu erwartende »Wiedergutmachung« eintraf. Von da an konnte meine Mutter es sich leisten, auf dem Naschmarkt einzukaufen. Ich war damals elf, für mich war die Linke Wienzeile der Himmel auf Erden. Es gab alles, was es in Polen nicht oder nur gelegentlich gab, sogar Tomaten zu jeder Jahreszeit, die man hier tatsächlich »Paradeiser« nannte.

Ansonsten bekam ich von Wien nicht viel mit. Ich kann mich allerdings noch gut an meine erste Coca-Cola erinnern, die meine Mutter in einem Café in der Nähe der Oper bestellte – mit zwei Strohhalmen. Zwei Colas zu bestellen, wäre eine maßlose Verschwendung gewesen. Außerdem wussten wir beide nicht, wie das Zeug schmeckte. Und etwas nicht aufzuessen oder auszutrinken, das man bezahlt hatte, kam schon gar nicht infrage.

Als wir ein knappes Jahr später nach Köln zogen, waren wir schon ein wenig »akkulturiert«. Ich konnte mich auf

Deutsch verständigen und meine Eltern hatten gelernt, dass die Kathedrale neben dem Hauptbahnhof »Dom« genannt wurde, was auf Polnisch »Haus« hieß. Davon abgesehen war der »Migrationshintergrund«, den wir mitgebracht hatten, allgegenwärtig. Es störte meine Eltern nicht im Geringsten, dass im Wohnzimmer an jeder Wand eine andere Tapete hing. Alles, was sie kauften, musste vor allem »praktisch« sein, wie die abscheuliche Sitzecke in der Küche, in der man auch Wäsche oder alte Zeitungen verstauen konnte. Zu sagen, sie hätten einen schlechten Geschmack gehabt, wäre schon eine Schmeichelei, sie hatten einfach gar keinen. Hauptsache, die Wohnung war warm und der Kühlschrank voll.

Ich kann mich nicht erinnern, dass meine Eltern auch nur ein einziges Mal ausgegangen wären, um in einem Restaurant zu essen. Das wäre unvernünftig gewesen, wo man doch alles zu Hause hatte. Mein Vater leistete sich ab und zu einen Besuch im Café Frank am Rudolfplatz. Einmal durfte ich mitkommen. Und während ich vor Scham unter dem Tisch versank, packte er einen Teebeutel aus und bestellte ein Glas heißes Wasser.

Die einzige Abwechslung im Leben meiner Eltern waren die häufigen Arztbesuche und die hohen Feiertage, also Neujahr, Jom Kippur und Pessach. Sie waren die typischen Drei-Tage-Juden. Ich kann mich auch nicht daran erinnern, dass irgendjemand uns je besucht hätte, vom Notarzt am Wochenende abgesehen. Meine Eltern saßen daheim, schwiegen oder brüllten sich an. Erst viel später begriff ich, was die Gründe für das Schweigen und die periodischen Wutausbrüche waren: Sie nahmen sich gegenseitig übel, dass sie überlebt hatten, während fast alle Angehörigen umgekommen waren.

Ich entwickelte eine massive allergische Abwehr gegen diese Welt von gestern, die sich in allerlei Krankheiten äußerte, deren Ursprung mir erst klar wurde, als ich viel später von den Problemen der »zweiten Generation« las.

Damals freilich war es nur ein Gefühl in der Magengrube: Wenn ich nicht so werden wollte wie meine Eltern, musste ich aus dieser Welt ausbrechen. Kaum hatte ich die Bar-Mizwa hinter mich gebracht, meldete ich mich vom Religionsunterricht ab, was mir nicht schwerfiel, weil ich der einzige jüdische Schüler am Hansa-Gymnasium war.

Deswegen kam der Religionslehrer nicht zu mir in die Schule, sondern ich musste zu ihm in die Synagoge. Heute frage ich mich, warum meine Eltern nicht auf die Idee gekommen waren, die Schule mithilfe einer einstweiligen Verfügung zu zwingen, mir einen »Gebetsraum« zur Verfügung zu stellen, wie es neulich das Berliner Verwaltungsgericht auf Antrag eines moslemischen Schülers anordnete. Ich vermute, meine Eltern hatten keine Ahnung, dass es so eine Option geben könnte, und wenn, wäre es ihnen peinlich gewesen, eine solche Forderung zu stellen, sich dermaßen hervorzutun. Mir war alles recht.

Die freien Religionsstunden verbrachte ich in einem Antiquariat am Eigelstein mit der Lektüre von Fanny Hill, Josefine Mutzenbacher und der »Vollkommenen Ehe« von Theodoor Hendrik van de Velde. So lernte ich für das Leben, während meine Mitschüler in die Geheimnisse der Evangelien eingeführt wurden.

Etwa zur selben Zeit nahmen wir im Deutschunterricht Lessings »Nathan der Weise« durch. Hinterher mussten wir Besinnungsaufsätze über die Idee der Toleranz schreiben. Was die Idee in der schulischen Praxis wert war, wurde mir bewusst, als ein Mitschüler von der Anstalt gefeuert wurde, weil er einem anderen Mitschüler in den Schritt gefasst hatte und dadurch in den Verdacht geraten war, »andersrum« zu sein. Das Wort »schwul« war damals noch so anrüchig wie das Wörtchen »geil«. Toleranz hin, Toleranz her – dieselben Pauker, die uns diese Tugend vermitteln wollten, hatten keine Skrupel, ihre Macht auszuspielen, um die Moral vor dem Verfall zu retten.

Dass »Toleranz« ein Instrument ist, das der Rücksichtslosigkeit den Weg ebnet, dass es die Stärkeren vor den Schwächeren schützt und nicht umgekehrt, ist eine Erfahrung, die man inzwischen täglich machen kann. Ob es ein plärrendes Kleinkind ist, das eine Tischrunde terrorisiert, während seine Eltern darauf vertrauen, dass es niemand wagen wird, sie an ihre erzieherischen Pflichten zu erinnern, oder ein Handy-Benutzer, der mit seinem Gerede einen ganzen ICE-Waggon vom Lesen und Schlafen abhält – wer in einer solchen Situation ein Wort riskiert, der macht sich der Intoleranz verdächtig. Vor der Einführung des Rauchverbots waren es die Nichtraucher, die als intolerant galten, weil sie nicht zum passiven Mitrauchen gezwungen werden wollten.

Aber das waren alles Petitessen verglichen mit der Idee der Toleranz, um die es heute geht. Einer Toleranz gegenüber Menschen und Kulturen, die ihrerseits nichts von Toleranz halten und die von der Idee der eigenen Überlegenheit dermaßen durchdrungen sind, dass sie es für das Beste halten, wenn die Welt ihrem Beispiel folgt.

Einer Toleranz, die von der Gleichwertigkeit aller Lebensstile ausgeht und deswegen »Ehrenmorde« für ganz normale Verbrechen hält, die entweder nichts mit dem kulturellen Hintergrund der Täter zu tun haben oder mit diesem entschuldigt werden. Einer Toleranz, die Terroristen zu »Widerstandskämpfern« umdeklariert und ihnen romantische Motive anhängt. Einer Toleranz, die davon lebt, dass sie Ursache und Wirkung verwechselt, die mit den Tätern gegen die Opfer paktiert.

In einer Gesellschaft, in der ein Regierender Bürgermeister die Teilnehmer einer SM-Fete persönlich in der Stadt willkommen heißt; in einer Gesellschaft, in der ein rechtskräftig verurteilter Kindesmörder Prozesskostenhilfe bekommt, um einen Prozess gegen die Bundesrepublik führen zu können, weil er noch nach Jahren darunter leidet, dass ihm bei einer Vernehmung Ohrfeigen angedroht wurden; in einer Gesellschaft, in der jeder frei darüber entscheiden kann, ob er seine Ferien im Club Med oder in einem Ausbildungscamp für Terroristen verbringen möchte, in einer solchen Gesellschaft kann von einem Mangel an Toleranz keine Rede sein.

Dermaßen praktiziert, ist Toleranz die Anleitung zum Selbstmord. Und Intoleranz eine Tugend, die mit Nachdruck vertreten werden muss. Davon handelt dieses Buch.

Toleranz ist eine feine Sache,
wenn man sie sich leisten kann

»Tolerieren« bedeutet wörtlich »dulden«, »gewähren lassen«. Wer die Güte hat, jemand zu tolerieren, hat auch die Macht, ihn zu vernichten, wenn er es sich anders überlegt hat. Das Wort ist positiv besetzt, hat aber eine fragwürdige Bedeutung. Es beinhaltet keinen Anspruch, keine Garantie und kein Recht, auf das man sich berufen, das man einfordern kann, es ist nur eine Absichtserklärung, eine Geste der Großzügigkeit, sozusagen ein privater Schutzraum für marginale Existenzen, die auf das Wohlwollen der Gesellschaft angewiesen sind.

Zu Recht wird die religiöse Toleranz der Muslime zur Zeit ihrer Herrschaft in Andalusien gegenüber Angehörigen anderer Religionen gerühmt. Übersehen wird dabei nur, dass die Christen und die Juden, die unter der Mondsichel lebten, »Dhimmis« waren, Bürger zweiter Klasse, die eben nur geduldet wurden, solange sie nicht rebellierten und gleiche Rechte verlangten. Taten sie es, durften sie bald das Ende der Toleranzstrecke erfahren. Nicht anders erging es später den Schwarzen in den USA, den Armeniern in der Türkei und den Kopten in Ägypten.

Toleranz ist kein Wert an sich. Es kommt immer darauf an, wer und was toleriert wird. Können praktizierende

Juden und bekennende Antisemiten erwarten, gleichermaßen toleriert zu werden? Gilt das auch für Schwule und Schwulenhasser? Für Kinder und Kinderschänder? Für Raucher und Nichtraucher? Für Kannibalen und Vegetarier?

In einer Gesellschaft, in der fast jeder nach seiner Fasson glücklich werden darf, in der nicht mehr zwischen richtig und falsch, gut und böse, gesund und krank unterschieden wird, weil das bereits eine Wertung und eine Diskriminierung enthalten würde, in der man sich nicht einmal auf die Regeln der Rechtschreibung einigen kann, kann es auch keinen Konsens über die Grenzen der Toleranz geben. Und so versteht jeder unter Toleranz etwas anderes. Michel Friedman fordert »Erziehung zu mehr Toleranz«, meint aber eigentlich das Gegenteil: ein energisches Auftreten der Demokraten gegen die Feinde der Demokratie. Der Augsburger Bischof Walter Mixa empfiehlt den in Deutschland lebenden Muslimen, »die christliche Mehrheitskultur zu respektieren«, ruft aber gleichzeitig zur Toleranz gegenüber den Kindern Mohammeds auf, bedient also sowohl die eine Seite wie die andere.

Zur »Aktionswoche gegen Rassismus« der Initiative »Gesicht zeigen!« treten Prominente aller Disziplinen an, darunter auch der Fernsehkoch Ralf Zacherl, der ein »internationales Menü« im Dienst der Toleranz zubereitet. Und während der Vorsitzende der CSU-Grundsatzkommission, Alois Glück, seine Partei für Muslime öffnen möchte, verweigert die Diakonie Hamburg einer Deutschtürkin ein Vorstellungsgespräch, weil sie keine

Christin ist – und wird dafür von einem Gericht zur Zahlung von 3900 Euro Entschädigung verurteilt.

In Berlin kommt es zu einem »Eklat« in einem städtischen Schwimmbad, als ein Bademeister eine 15-jährige Muslima aus dem Becken holt, weil sie einen Badeanzug mit langen Beinen und Ärmeln trägt. Eine Feier im Jüdischen Museum, bei der Helmut Kohl mit dem »Preis für Verständigung und Toleranz« ausgezeichnet wird, verläuft dagegen völlig harmonisch, ebenso wie die Verleihung des »Hauptstadtpreises für Integration und Toleranz« der »Initiative Hauptstadt Berlin e. V.« an eine Neuköllner Bürgerinitiative.

Der Erziehungswissenschaftler Micha Brumlik fordert »null Toleranz« gegenüber »rassistischen, antisemitischen und sexistischen« Äußerungen, der türkische Schriftsteller Zafer Şenocak ruft nach »null Toleranz« gegenüber radikalen Islamisten, »die jeden Vertrag mit der zivilisierten Menschheit aufgekündigt haben«, der Regensburger Bischof Müller verspricht »null Toleranz« gegenüber pädophilen Priestern. Ganz anders dagegen die Staatsanwaltschaft Osnabrück, die einen vorbestraften pädophilen Mann in einen Kindergarten schickt, damit er dort gemeinnützige Arbeit leistet. Um die Toleranz der Berliner zu testen, geht ein »taz«-Redakteur mit einer Kippa auf dem Kopf in Neukölln und Lichtenberg spazieren. Fazit des Selbstversuchs: »In Neukölln habe ich mich stellenweise unsicher gefühlt, in Lichtenberg unwohl.« In Berlin-Mitte verkehren rund um das Brandenburger Tor Fahrradtaxis, auf denen die Konterfeis von Hertha-Spielern zu sehen sind, die für den Verein »Pro Toleranz«

werben, der sich seinerseits für Respekt und Menschlichkeit einsetzt.

Der Vorschlag eines Brandenburger CDU-Politikers, in Städten »Alkoholverbotszonen« einzurichten, um öffentliches Saufen und den damit verbundenen Vandalismus zu verhindern, fand in Berlin wenig Resonanz. Ein Modellversuch auf dem Spandauer Marktplatz wurde wegen Undurchsetzbarkeit eingestellt. Es gab zu wenige Ordnungskräfte vor Ort, und wenn doch ein Trinker gestellt wurde, konnte das Bußgeld von zehn Euro nicht vollstreckt werden, weil es sich meist um mittellose Hartz-IV-Empfänger handelte, die ihr letztes Geld für Alkohol ausgegeben hatten.

Es wäre ohnehin vernünftiger, statt »Alkoholverbotszonen« lieber »Autoabfackelverbotszonen« einzurichten, denn: »Jede Nacht brennen Autos – und die Polizei ist hilflos«, so der Berliner »Tagesspiegel« über ein Hobby, das von Angehörigen der autonomen Szene praktiziert wird. Allein in der ersten Hälfte des Jahres 2007 wurden nach Zählung der Polizei 85 Fahrzeuge »aus politischen Gründen« in Brand gesetzt, Ende November 2007 waren es schon über 100. Einen Täter auf frischer Tat zu erwischen, sei »äußerst schwierig«, so ein Polizeisprecher, »wir können nicht zu jeder Zeit an jeder Stelle präsent sein«.

»Die Inbrandsetzung von Fahrzeugen ist polizeilich nur sehr schwer zu bekämpfen«, sagt auch der Berliner Polizeipräsident, »um vier Uhr morgens ist es dunkel, die Straßen sind menschenleer. Der Täter bückt sich kurz und legt einen Grillanzünder unter das Auto. Bevor das qualmt, ist er schon zwei Straßen weiter.« Und wenn potenzielle Täter doch mal festgenommen werden, muss die Polizei sie gleich wieder laufen lassen, auch wenn alles dafürspricht, dass sie im Begriff waren, eine Straftat zu begehen: »Mir kann keiner erzählen, dass einer nachts mit Einweghandschuhen, Feuerzeug und Grillanzündern im Brustbeutel rumläuft, nur um spazieren zu gehen. Das haben die Betreffenden aber behauptet. Unser Problem ist, dass wir die Täter mehr oder weniger auf frischer Tat ertappen müssen.« Sonst liegt im rechtlichen Sinne »noch nicht einmal eine Versuchshandlung« vor. Gefragt, welchen Rat er dem »Porsche-Besitzer in Kreuzberg« geben würde, antwortet der Berliner Polizeipräsident: »Man kann ihm nur abraten, sein Auto nachts auf der Straße zu parken.«

Und so sieht man in den Berliner Zeitungen immer wieder Fotos verbrannter Autos, »die einmal ein Luxuswagen« waren, denn der Zorn der Autonomen gilt natürlich vor allem den Modellen der Oberklasse. Die Vorstellung, wie diese Bilder in einer Autonomen-WG beim Müsli-Frühstück mit Kaffee aus einem Dritte-Welt-Laden goutiert werden, hat in der Tat etwas Verführerisches. Man möchte es den Tätern gleichtun und probeweise, sagen wir, einen Skoda Fabia abfackeln, nur um zu sehen, wo die polizeiliche Toleranzuntergrenze für solche Delikte liegt. Denn es scheint eine umgekehrte Korrelation zwischen der Schwere der Tat und dem Bestrafungswillen der Strafverfolger zu geben. Ein Ehepaar aus Wedding wurde vom Amtsgericht Tiergarten zur Zahlung einer Buße von 300 Euro verurteilt, weil es in Urlaub fuhr und sein Meerschweinchen namens Emma daheim verhungern ließ. Es wäre aufschlussreich zu erfahren, wie die Polizei und die Justiz von diesem Verbrechen Kenntnis bekamen. Hat ein aufmerksamer Nachbar Anzeige erstattet? Oder müssen sich die Weddinger Kleintiere jeden Tag bei der Polizei melden, weil die Polizisten nicht »zu jeder Zeit an jeder Stelle präsent« sein können? Unter anderem deswegen, weil sie gelegentlich mit einem Motorradkorso von Ruhleben bis zum Brandenburger Tor »für ein gewaltfreies Europa« demonstrieren.

Wie dem auch sei, der Begriff Toleranz wird im operativen Geschäft täglich neu definiert. Die Bundesagentur für Arbeit hat bestätigt, »dass die Förderung der Aufnahme einer selbstständigen Tätigkeit im Bereich der Prostitution« mit einem Überbrückungsgeld oder einem Existenzgründungszuschuss möglich ist, dass also arbeitslose Frauen, die auf den Strich gehen möchten, von der Bundesagentur für Arbeit eine Förderung bekommen können, während zugleich Projekte unterstützt werden, die den Frauen den Ausstieg aus dem Milieu erleichtern sollen.

Vorher schon hatte ein 43 Jahre alter Sozialhilfeempfänger in Bayern bei der zuständigen Behörde einen »Antrag zur Gewährung von Beihilfen zur Abwehr sexueller Entzugserscheinungen« gestellt und eine umfangreiche Wunschliste eingereicht. Auf ihr standen Bordellbesuche, der Einkauf von Pornofilmen und Kontaktmagazinen, auch die Fahrtkosten zur Videothek wollte er erstattet haben, alles in allem fast zweieinhalb Tausend Euro. Das Amt lehnte ab, der Mann reichte beim Verwaltungsgericht Ansbach Klage ein. Unabhängig vom Ausgang des

Verfahrens möchte man auch hier gerne wissen, ob der mittellose Kläger vom Gericht Prozesskostenhilfe zuerkannt bekommen hat, um seinen Anwalt bezahlen zu können.

Denn es steht außer Frage, dass das Sozialamt grundsätzlich auch für die Pflege des Sexuallebens seiner Kunden zuständig ist. »Viagra-Kalle« aus Bad Soden sorgte im Jahre 2003 bundesweit für Schlagzeilen, nachdem ihm »sein« Sozialamt das Potenzmittel nicht bezahlen wollte, worauf er vor den Hessischen Verwaltungsgerichtshof zog – und recht bekam.

Die Frage, wie viel Toleranz sich eine Gesellschaft leisten kann, ohne einen Bankrott zu riskieren oder der Lächerlichkeit anheimzufallen, stellt sich vor allem in Gesellschaften, in denen »Gleichheit« einen höheren Stellenwert als »Freiheit« hat. Freiheit schließt auch Gefahren ein, Gleichheit schafft alle Unterschiede ab, damit niemand benachteiligt wird. Die Schlagersängerin Nena, selbst recht erfolgreich, gehört in Hamburg zu den Gründern einer Schule, an der es »keinen Unterricht gibt, es sei denn, es würde von Schülern ausdrücklich gewünscht«. Stattdessen gibt es eine einmal wöchentlich tagende Schulversammlung, »in der jeder Schüler und jeder Lehrer eine Stimme hat«.

So werden die Kinder schon früh auf das Leben in der Leistungsgesellschaft vorbereitet, in der sich jeder Sozialhilfeempfänger frei entfalten darf, solange der dumme Rest, der bei Opel am Fließband steht, dafür aufkommt. Wie beim Spiel ohne Grenzen kommt es auch bei der Toleranz darauf an, geschickter und rücksichtsloser als die anderen zu sein. Und schämen darf man sich schon gar nicht.

Ein wegen Mordes an einem elfjährigen Kind rechtskräftig zu lebenslanger Haft verurteilter Mann erklärt seine Absicht, eine Stiftung zugunsten junger Gewaltopfer zu gründen. Sie soll »Horizonte« heißen. Die Eltern des Opfers, von denen der Mörder eine Million Euro Lösegeld erpresst hatte, finden die Idee überhaupt nicht witzig, ein Teil der Öffentlichkeit ist aber durchaus beeindruckt. Die Gründung scheitert schließlich an einem Einspruch der zuständigen Aufsichtsbehörde. Der Mörder führt aus der Haft heraus mehrere Prozesse gegen die Bundesrepublik und verlangt unter anderem 10 000 Euro Schmerzensgeld, weil ihm bei seiner Vernehmung durch die Polizei Ohrfeigen angedroht wurden, worauf er das Versteck des inzwischen toten Kindes preisgab. Sein Antrag auf Prozesskostenhilfe wird vom Oberlandesgericht Frankfurt abgelehnt, das Bundesverfassungsgericht hebt den Beschluss des Oberlandesgerichts auf, da diese Entscheidung das »Grundrecht auf Rechtsschutzgleichheit« des Antragstellers verletze.

So wird der Mörder eines Kindes, das keine Chance hatte, seine Entführung zu überleben, eine faire Chance bekommen, für die Qualen, die er bei der Vernehmung erleiden musste, angemessen entschädigt zu werden.

Ein praktizierender Kannibale, der wegen Mordes zu lebenslanger Haft verurteilt wurde, steht vor der Wahl, im Gefängnis einen Bibelkurs zu belegen, bei einer Schachgruppe mitzumachen oder der »Grünen Knastgruppe« beizutreten. Er entscheidet sich für die Grüne Knastgruppe und löst damit eine Diskussion innerhalb des zuständigen Landesverbandes aus, ob er damit auch automatisch Parteimitglied ohne Stimmrecht und Beitragspflicht geworden ist. Am Ende der Debatte steht fest: Er ist es nicht. Zum Trost für den grünen Kannibalen gibt es am Heiligabend Würstchen mit Kartoffelsalat und am ersten Weihnachtstag Rinderschmorbraten.

Natürlich gibt es auch Situationen, in denen man mit Toleranz nicht weit kommt. Dann ist Zivilcourage gefragt, zum Beispiel wenn man in der U-Bahn Zeuge einer verbalen Auseinandersetzung wird, die zu eskalieren droht. In einem solchen Fall, empfiehlt die Polizei, »sollte man sich nicht selbst in Gefahr begeben«; es sei besser »das Opfer am nächsten Bahnhof zum Aussteigen zu bewegen, als direkt auf den Täter zuzugehen«.

Denn der Täter könnte böse werden, wenn jemand versuchen würde, ihn an der Ausführung seiner Tat zu hindern. Wie der 24-jährige Tunesier, der am S-Bahnhof Marzahn mitten in der Nacht Autos demolierte. Als zwei Berliner eingreifen wollten, stach er den einen nieder und verletzte den anderen lebensgefährlich.

Vor die Wahl gestellt, tolerant zu sein oder sein Leben zugunsten von Zivilcourage zu riskieren, scheint Toleranz allemal die vernünftigere Option zu sein, zumindest kurzfristig. Das weiß auch die Berliner Polizei und setzt deswegen auf Deeskalation. Bei Einsätzen tragen die Beamten grün-gelbe Lätzchen, auf denen »Anti-Konflikt-Team« steht. Vor der diesjährigen Kreuzberger Demo zum 1. Mai, bei der in den vergangenen Jahren zum Zeichen der Verbundenheit mit der Arbeiterklasse immer

33

wieder Supermärkte geplündert und Autos angezündet wurden, erklärte der Einsatzleiter der Polizei, er sei »optimistisch, wieder ein gutes Stück voranzukommen«. Allerdings könnte die Polizei nur »einen kleinen Teil« zur Gewaltlosigkeit beitragen. Das klang wie die Bitte um Nachsicht, dass es die Polizei überhaupt noch gibt und dass sie sich auf die Straße traut. Und es klang nicht nur so, so war es auch gemeint.

Toleranz ist also gefühlte Zivilcourage, die man nicht unter Beweis stellen muss. Und deswegen ist es gleich, ob ein Ex-Kanzler einen Toleranz-Preis für seine Verdienste um die Verständigung zwischen Juden und Christen bekommt oder Iris Berben den Bambi für Zivilcourage für ihr mutiges Engagement um eine Aussöhnung zwischen Juden und Nichtjuden in Deutschland. Andersrum wäre es auch okay, Iris Berben bekommt einen Preis für Toleranz und Helmut Kohl einen Bambi für Zivilcourage.

Darf es auch etwas weniger sein? Ja. Der Weiße Ring, ein gemeinnütziger Verein zur Verhütung von Straftaten, will Menschen dazu bewegen, nicht wegzusehen, wenn andere »belästigt, bedroht, geschlagen, sexuell gedemütigt werden«. Denn: »Jeder von uns kann helfen ... Zeigt Zivilcourage. Ruft Hilfe: 110.«

Toleranz reimt sich auf Distanz

Es ist sehr einfach, Verständnis für den Freiheitskampf der Hamas gegen die andauernde israelische Besatzung des Gaza-Streifens zu haben, der von Israel im Sommer 2005 geräumt wurde, die Öffnung aller Grenzübergänge und freien Personen- und Warenverkehr zu fordern, wenn man nicht in der Reichweite der Kassam-Raketen lebt, deren Harmlosigkeit immer wieder mit dem Adjektiv »selbst gebaut« unterstrichen wird. Eine völlig andere Situation liegt vor, wenn die Gefahr vor der eigenen Tür lauert.

Die Bürger der Gemeinde Joachimsthal in Brandenburg trauen sich nicht, ihre Häuser zu verlassen, und wenn, dann nur gruppenweise. Die Männer begleiten ihre Frauen zur Bushaltestelle und holen sie wieder ab, wenn sie von der Arbeit oder vom Einkaufen heimkommen. Von den Balkonen hängen Transparente, die aus Bettlaken hergestellt wurden: »Wir haben Angst!« – »Unsere Kinder sollen angstfrei spielen können!« – »Sperrt ihn wieder weg!«

Die Bürger von Joachimsthal haben nicht nur Angst um ihr Leben, sie sorgen sich auch um den guten Ruf der Stadt. »Wir leben vom Tourismus. Wenn sich hier ein Triebtäter frei bewegen darf, dann bleiben die Leute weg«, klagt eine Mutter von zwei Kindern. Allerdings habe es noch »keine Anfragen oder Absagen von Touristen« gegeben.

Das Ganze erinnert an den Filmklassiker »Eine Stadt sucht einen Mörder« von Fritz Lang mit Peter Lorre in der Hauptrolle – nur dass in Joachimsthal niemand gesucht werden muss, weil alle wissen, wie der Täter heißt und wo er wohnt. An jedem zweiten Baum klebt ein Steckbrief. Werner K. hat sechs Frauen vergewaltigt, 22 Jahre im Gefängnis gesessen und gehört nach Angaben des Landeskriminalamtes zu den Tätern, bei denen man von einem hohen »Rückfallrisiko« ausgehen muss. Es heißt auch, er habe eine therapeutische Behandlung im Gefängnis abgelehnt.

Man kann es also den Joachimsthalern nicht übel nehmen, dass sie Angst haben und ihre Kinder lieber »Die Olsenbande« schauen als sie auf den Spielplatz gehen lassen. Allerdings: Werner K. wohnt bei Verwandten und wird rund um die Uhr von der Polizei bewacht. Er kann nicht einmal zum Kiosk gehen, um sich eine »Bild« mit dem neuesten Panik-Bericht aus Joachimsthal zu kaufen, ohne dass ihm zwei bis vier Beamte folgen. Dennoch bleibt ein Restrisiko, und deswegen warnt die Bürgermeisterin von Joachimsthal »vor unüberlegten und hysterischen Reaktionen«. Sie möchte nicht, »dass es noch so weit kommt, dass die Polizei den Mann vor Joachimsthalern beschützen muss«.

Auch das RTL-Magazin »explosiv« nimmt sich des Falles an. Die Joachimsthaler Bürger kommen ausgiebig zu Wort, wobei ihre Statements belegen, dass die Befürchtungen der Bürgermeisterin nicht aus der Luft gegriffen sind. »Der Mann muss weg!«, sagt eine Frau, egal wie, egal wohin, Hauptsache weg aus Joachimsthal.

Und niemand spricht von Toleranz, niemand möchte wissen, ob der Täter eine schwierige Kindheit hatte, ob er missbraucht wurde oder nicht mit Puppen spielen durfte. Es sind genau die Fragen, die immer dann gestellt werden, wenn sich ein Terrorist in einem Café oder einem Bus in die Luft gesprengt hat.

Stattdessen macht ein ehemaliger Richter eine Rechnung auf: Die Überwachung von Werner K. kostet 250 Euro – pro Stunde. Das macht bei drei Schichten je acht Stunden 6000 Euro pro Tag. Eine Unterbringung im Gefängnis würde dagegen nur etwa 80 Euro am Tag kosten, wäre also viel preisgünstiger. Die Fortsetzung der Kosten-Nutzen-Rechnung hängt im Raum wie das Fallbeil einer Guillotine: Gäbe es noch die Todesstrafe... Als Steuerzahler, sagt der ehemalige Richter bei RTL-»explosiv«, findet er es empörend, dass so viel Geld ausgegeben wird, um einen Sexualtäter zu bewachen; als Jurist weiß er aber, dass es nicht anders geht. Inzwischen nämlich hat sich die Aufgabe der Polizei ein wenig geändert. Nicht die Bürger von Joachimsthal müssen vor Werner K. beschützt werden, sondern er vor ihnen.

Während im brandenburgischen Joachimsthal die tödliche Angst umgeht, findet vor dem Schwurgericht in Frankfurt am Main ein Verfahren wegen versuchten Totschlags beziehungsweise Mordversuchs gegen einen 23 Jahre alten Deutschen mit afghanischem Migrationshintergrund statt. Er hatte im September 2007 auf offener Straße einen orthodoxen Rabbiner mit einem Messerstich schwer verletzt. Der Mann hat die Tat gestanden, bestreitet aber jede Tötungsabsicht. Das Gericht versucht nun, die Umstände der Tat zu klären. War es eine antisemitisch motivierte Attacke? Oder eher »banale Alltagsgewalt« beziehungsweise »Eskalation aus Zufall« (»Frankfurter Allgemeine Zeitung«), etwas also, womit einer immer rechnen muss, der am frühen Abend in einer Großstadt unterwegs ist?

Der Unterschied kann für die juristische Bewertung der Tat entscheidend sein. Wurde der Täter von antisemitischen Gefühlen angetrieben, dann liegen »niedrige Beweggründe« vor und die Tat wird als versuchter Mord qualifiziert. Hat er »spontan« gehandelt und auf den Rabbi eingestochen, weil niemand sonst da war, dann liegt versuchter Totschlag vor, und der wird wesentlich milder bestraft.

Deswegen kommt es darauf an, ob die Worte »Scheißjude« und »abstechen« gefallen sind, was der als Zeuge geladene Rabbiner behauptet und der Angeklagte bestreitet, der zudem in »Notwehr« gehandelt haben will, um eine Attacke des viel kräftigeren und größeren Rabbiners abzuwehren.

Die Lebensumstände des Täters sind dazu angetan, Mitleid zu erregen. Er hat eine Ausbildung abbrechen müssen, weil die Firma in Konkurs ging, fand danach keine neue Lehrstelle und verfiel »in einen Alltag, in dem er regelmäßig Haschisch und Marihuana konsumierte, um seine Stimmung zu heben« (»Frankfurter Allgemeine Zeitung«). Schon zweimal wurde er wegen Körperverletzung verurteilt, am Tag der Tat hat er bis 16 Uhr geschlafen und gleich nach dem Aufwachen einen Joint geraucht, dem später vier bis fünf weitere folgten. Dann machte er sich auf den Weg in die Stadt, wobei er zum »Selbstschutz« ein Messer mitnahm. Laut Aussage des Angeklagten habe er den Rabbi im Vorübergehen aus reiner Freundlichkeit mit »Salam aleikum« gegrüßt, worauf der Rabbi aggressiv wurde, was dann zum Einsatz des Messers führte. Naturgemäß hatte der Rabbiner eine etwas andere Erinnerung an den Tathergang, die in wesentlichen Punkten von der des Angeklagten abwich.

Davon abgesehen verlief die Begegnung des Rabbis mit dem jungen Messerstecher nach einem alten und bewährten Muster. Der Jude hatte die Tat durch sein Verhalten provoziert, der Täter hatte sich nur verteidigt. Das taten schon die russischen Pogromisten im 19. und 20. Jahrhundert, und auch die Nazis verstanden ihr Projekt der »Endlösung« als einen Akt der Notwehr gegen das internationale Judentum, das dem Deutschen Reich den Krieg erklärt hatte.

Der Fall des Frankfurter Messerstechers lässt sich nicht allein mit der Dynamik antisemitischer Emotionen oder dem Migrationshintergrund erklären. Wichtiger noch ist die Haltung der Toleranzgesellschaft, die bei Regelverstößen die Motive des Täters in den Mittelpunkt ihres Interesses rückt. Warum hat er es getan? Hat es vielleicht gut gemeint? Steckt hinter der groben Schale nicht doch ein weicher Kern? Unter solchen Umständen wird auch ein 18 cm tiefer Messerstich in den Bauch als »Denkzettel« bewertet und nicht als versuchter Totschlag, sondern nur als gefährliche Körperverletzung bestraft.

Im Umgang mit sogenannten Intensiv- und Wiederholungstätern legen Polizei und Justiz oft eine Liberalität an den Tag, die kein Mensch nachvollziehen kann, der jemals selbst Opfer einer Gewalttat wurde. Ein Beispiel von vielen: Zwei Brüder, der eine 16, der andere 23 Jahre alt, schlagen in einer Berliner Straßenbahn einen Fahrgast zusammen. Die anderen Fahrgäste schauen weg, nur einer greift ein und fordert die Schläger auf, mit ihrem Treiben aufzuhören. Worauf die von ihrem ersten Opfer ablassen und sich dem anderen Fahrgast zuwenden. »Einer der Schläger«, schreibt der »Tagesspiegel« zwei Tage darauf, »hielt sich an den Haltegriffen fest, holte Schwung und trat Michael K. mit beiden Schuhen ins Gesicht. Obwohl ihr Opfer bewusstlos zu Boden fiel, traktierten beide Schläger ihn weiter mit Fußtritten.«

An der nächsten Haltestelle flüchten sie, während der vom Straßenbahnfahrer herbeigerufene Sanitäter zwar Körperverletzungen, jedoch keine Lebensgefahr bei dem bewusstlosen Überfallenen feststellt. Weil es sich nur um eine »leichtere Straftat« handelt, übernehmen nicht Beamte der Kripo, sondern Streifenpolizisten der zuständigen Direktion die Ermittlungen. Die Brüder werden festgenommen, erkennungsdienstlich behandelt und wieder freigelassen, für einen Haftbefehl liegen keine ausreichenden Gründe vor, beide haben einen festen Wohnsitz. Der »Tagesspiegel« notiert: »Ein weiterer Grund, keinen Haftbefehl zu beantragen, war aus der Sicht der Polizei die Tatsache, dass der 23-Jährige bisher nur wegen einfacher, nicht aber wegen gefährlicher Körperverletzung vorbestraft ist.«

Der junge Mann, dessen Identität mit Christopher F. angegeben wird, stand schon viermal als Angeklagter vor Gericht, wegen Körperverletzung, Sachbeschädigung und Beleidigung, er wurde dreimal zu Geldstrafen und einmal zu einer Freiheitsstrafe auf Bewährung verurteilt. Gelassen wartet er sein fünftes Verfahren in Freiheit ab, während das Opfer mit Schädelbruch auf der Intensivstation eines Krankenhauses liegt und sich über ein Schreiben von Klaus Wowereit freut, in dem der Regierende Bürgermeister dem mutigen Neuberliner die Anerkennung ausspricht und ihm rasche Genesung wünscht. Er habe, so der Bürgermeister, »ein Beispiel für andere« gegeben.

Da muss der Regierende etwas missverstanden haben. Wenn es etwas gibt, das beispielgebend wirkt, dann ist es das Verhalten der beiden Brüder. Die sogenannte Jugendkriminalität nimmt zu, das heißt, die Täter werden immer jünger und immer brutaler. Ihre Chancen, ungestraft davonzukommen, sind hoch. Erst nachdem ein 16-Jähriger gleich fünf Lehrer an einer Berliner Schule zusammengeschlagen hatte, wurde Haftbefehl gegen ihn erlassen, dabei war er der Polizei seit Jahren als Serientäter bekannt. Mehr als 60 Mal wurde gegen ihn ermittelt, meistens wegen Raub und Körperverletzung, immer ohne Folgen. Alle Verfahren wurden eingestellt. Sehr zur Zufriedenheit seiner Eltern, die ihrem Sohn nach der Festnahme zu Hilfe eilten. »Er hat sich nur verteidigt«, erklärte der Vater, ein Computerfachmann, »die Lehrer haben ihn beleidigt und festgehalten. Ich bin stolz, dass er sich gewehrt hat.«

Eine Frage wurde in diesem Zusammenhang weder gestellt noch beantwortet. Wie kann es passieren, dass ein

16-Jähriger nacheinander fünf Lehrer zusammenschlägt, ohne dass ihm andere Lehrer und Schüler in den Arm fallen? Hat es etwas mit der im Pädagogen-Milieu verbreiteten Überzeugung zu tun, dass man Konflikte nicht mit Gewalt, sondern nur mit Überzeugungsarbeit lösen sollte? Eine ehrenwerte Haltung, die Despoten ein langes Leben und notorischen Schlägern eine ungestörte Entfaltung ihrer Talente garantiert.

»Konsequente Inkonsequenz« hieß ein Artikel in der Fachzeitschrift »Kriminalistik« aus dem Jahre 2000, in dem die kriminelle Karriere eines Serientäters beschrieben wurde, der als Achtjähriger mit seinen Eltern nach Berlin gekommen war und mit zehn Jahren angefangen hatte, das Strafgesetzbuch auf seine Art abzuarbeiten. Dabei hatte er es gar nicht nötig, denn die Familie lebte in einer Neuköllner Sechszimmerwohnung von rund 5300 D-Mark Sozialhilfe monatlich.

Von Armut oder Not konnte also keine Rede sein. Mahmouds Strafregister enthält mehr als 80 Einträge, vorzugsweise Körperverletzung durch Fausthiebe und Messerstiche. Er wurde zwar mehrmals festgenommen und angeklagt, aber die meisten Verfahren wurden entweder eingestellt oder endeten mit Bewährungsstrafen. Zwischendurch kam er auch mal in den offenen Vollzug, den er dazu nutzte, weitere Straftaten zu begehen. »Die zahlreichen Einstellungen, insbesondere während der Bewährungszeit«, heißt es in dem Artikel in der Fachzeitschrift »Kriminalistik«, »müssen wohl als ein Indiz für den resignativen Umgang mit der Arbeitsüberlastung gewertet werden.«

Soll heißen: Polizei und Justiz konnten mit Mahmoud nicht Schritt halten. Er war seinen Verfolgern immer um einige Delikte voraus.

Anfang des Jahres 2008, inzwischen 25 Jahre alt, wurde Mahmoud zu drei Jahren und drei Monaten Haft verurteilt, wieder wegen gefährlicher Körperverletzung und Widerstands gegen Polizeibeamte. Für den Wiederholungsfall drohte ihm die Richterin Sicherungsverwahrung an.

Fälle wie der von Mahmoud dienen der Wissenschaft inzwischen als empirisches Material für allerlei Studien – woher die Jugendgewalt kommt und wie sie behandelt werden könnte noch bevor sie zum Ausbruch kommt. Der Frankfurter Psychoanalytiker und Traumaforscher Werner Bohleber zum Beispiel sieht in »Ohnmachts- und Missachtungserfahrungen« eine der wichtigsten Ursachen für die Gewaltbereitschaft Jugendlicher. Eine fragile männliche Identität werde durch wiederholte Gewalttätigkeit aufrechterhalten. Bohleder bezieht sich dabei vor allem auf rechtsradikale Jugendliche, die ihr Heil in der Gewalt suchen, die Analyse trifft aber ebenso auf »unpolitische« Junioren zu, die sich aus Angst, nicht ernst genommen zu werden, mit Gewalt Respekt verschaffen. Die Ursachen für das Verhalten lägen in »tiefen narzisstischen Kränkungen«, die nicht immer mit den Eltern zu tun hätten.

Das ist zweifellos richtig, so wie es richtig ist, dass die Basis die Grundlage des Fundaments ist, führt aber nicht weiter. Denn es dürfte schwierig sein, einen Heranwachsenden zu finden, der keine tiefe narzisstische Kränkung erlebt hätte, sei es, weil er als Kind von seinen Eltern im Supermarkt vergessen wurde oder später bei einer Klassenfahrt den Müll auf dem Campingplatz einsammeln musste. So was bleibt im Unterbewusstsein haften.

Es gibt freilich auch andere Stimmen, die in der Diskussion um gewalttätige Jugendliche über psychoanalytische Ansätze hinausgehen und auf konkrete Erfahrungen verweisen. Der Berliner Landesvorsitzende der Gewerkschaft der Polizei, Eberhard Schönberg, spricht aus, was andere gerne unter den Teppich der Toleranzgesellschaft kehren: »Der Anteil von jugendlichen Migranten bei Gewalt- und Intensivtätern liegt bei 50 bis 80 Prozent. Die Gewaltbereitschaft und die Intensität der Brutalität nehmen zu.«

Die Zustände seien seit langem bekannt, dennoch habe die Politik nichts unternommen, um den Prozess aufzuhalten. Inzwischen gäbe es Straftäter, »die nicht mehr erreicht werden können und die durch verschrobene Ehrbegriffe, mangelndes Sozialverhalten sowie Menschenverachtung immer wieder straffällig werden; diese Personen müssen zum Schutz potenzieller Opfer weggesperrt werden, solange es unsere Rechtsordnung zulässt«. Teile von Berlin seien »nicht mehr zu retten«, es gäbe bereits Ghettos, »in die sich einzelne Funkstreifenwagen nicht mehr hineinwagen, weil sie sich oft einem gewaltbereiten Mob gegenübersehen, der den Respekt vor der Polizei entweder verloren oder niemals gelernt hat«. Eine »falsche politische Korrektheit« habe das Problem verschleiert. »Es geht nicht darum, ausländerfeindlich zu sein. Es geht um Tatsachen, die jahrelang nicht benannt wurden.«

Zu den Folgen der politischen Korrektheit, die der Vorsitzende der Berliner Gewerkschaft der Polizei nicht erwähnt, gehört die Fixierung auf den Bau repräsentativer Moscheen, die zu allerlei Mutmaßungen Anlass geben. Der gute deutsche Bürger, der so gerne »zum Türken« essen geht und seinen Weihnachtsurlaub in Marrakesch verbringt, reagiert verstört, wenn die Muslime in seiner Nachbarschaft die Hinterhöfe verlassen möchten. Unter normalen Umständen wäre dagegen so viel oder so wenig zu sagen wie über Konstruktionspläne für Kirchen und Synagogen – die Einzelheiten regelt die Bauordnung. Es kann auch nicht darum gehen, wie hoch die Minarette sein dürfen – das sind Petitessen. Ebenso absurd ist, wenn die Funktionäre der Moslem-Verbände darüber klagen, dass es in der Bundesrepublik leichter ist, ein Atomkraftwerk als eine Moschee zu bauen.

Eine Frage freilich, die von beiden Seiten nicht thematisiert wird, wäre die: Warum beschäftigen sich die Moslemverbände so intensiv mit dem Bau von Moscheen, während sie die Fürsorge um ihre Jugendlichen der Gesellschaft überlassen, die mit dieser Aufgabe überfordert ist, weil sie nur die Wahl zwischen falsch und verkehrt hat? Zwingt sie die Jugendlichen in »Integrationsmaßnahmen«, erschwert sie den Zuzug von »Importbräuten« und behandelt sie »Ehrenmorde« wie ganz normale Verbrechen, dann betreibt sie »Assimilation«, und das ist, sagt der türkische Ministerpräsident, »ein Verbrechen«. Überlässt sie die Jugendlichen sich selbst, trägt sie zur Ghettobildung bei und handelt sich den Vorwurf der Gleichgültigkeit gegenüber Minderheiten ein.

Die falsche politische Korrektheit gebietet es auch, eine therapeutische Debatte zu führen, in deren Mittelpunkt die Sorge um die bedrohte Zukunft der Täter steht, während deren Opfer an die zuständigen »Opferschutzbeauftragten« verwiesen werden, von deren segensreicher Tätigkeit man sonst wenig hört. Es geht darum, den Tätern die »Rückkehr in die Gesellschaft« nicht zu verbauen, auch solchen, die schon in Deutschland geboren wurden und nie in einer anderen Gesellschaft gelebt haben. Und redet einer doch Klartext und unterlegt diesen mit Zahlen und Statistiken, muss er damit rechnen, dass ihm ein Maulkorb verpasst wird.

Der Berliner Oberstaatsanwalt Roman Reusch hat bei der Berliner Anklagebehörde eine Abteilung aufgebaut, die sich um junge Intensiv- und Wiederholungstäter kümmert. Er hat in Fachzeitschriften Arbeiten veröffentlicht und sich bundesweit einen Namen als Experte auf diesem Gebiet gemacht. Reusch ist kein säuselnder Therapeut, der die Gesellschaft für das Fehlverhalten seiner Klienten verantwortlich macht; bevor er Antworten anbietet, stellt er erst einmal die richtigen Fragen: Aus welchem Milieu kommen die Täter und warum dominieren junge Männer mit Migrationshintergrund die Kriminalitätsstatistik?

Im Januar 2008 war Reusch nacheinander bei Anne Will und Frank Plasberg eingeladen, um sein Wissen mit einem größeren Publikum zu teilen. Sein Vorgesetzter, ein Leitender Oberstaatsanwalt, hat ihm beide Male die Teilnahme an den Sendungen untersagt, da Reusch nicht die Ansichten des Leitenden Oberstaatsanwalts in Sachen Jugendkriminalität und Integration vertritt. So verliefen sowohl die eine wie die andere Talkshow extrem harmonisch, das Thema, schrieb die »Frankfurter Allgemeine

Zeitung«, wurde »zwar besonnen, aber fahrig bis zur Unkenntlichkeit besprochen«.

Bald darauf wurde Reusch an eine andere Abteilung versetzt, was die Justizsenatorin natürlich nicht als eine disziplinarische Maßnahme, sondern als einen behördlichen Routinevorgang verstanden haben will. Sein Nachfolger wurde ein Staatsanwalt aus der Abteilung Straßenverkehrsdelikte.

Reusch ist ruhig gestellt, was an der Situation in Berlin nichts ändert, aber ihre Wahrnehmung erleichtert. Wenn man schon nichts gegen schlechte Nachrichten ausrichten kann, soll wenigstens deren Überbringer dran glauben.

Auf hoher See und vor Gericht, sagt ein altes Juristensprichwort, ist alles möglich. Nur geht es auf hoher See gerechter zu.

Ein 28 Jahre alter Iraker, der seit 2001 mit einer »Duldung« in Deutschland lebt, hat keinen Führerschein, dafür aber einen 5er BMW, mit dem er bereits dreimal von der Polizei erwischt, aber nur einmal wegen Fahrens ohne Führerschein zu 300 Euro Strafe verurteilt wurde.

Nachdem er einen Motorradfahrer beim Abbiegen totgefahren hatte, kam er wegen fahrlässiger Tötung vor das Dortmunder Amtsgericht. Das Urteil: Neun Monate Haft auf Bewährung, außerdem darf er zwei Jahre lang nicht den Führerschein machen, eine Auflage, die ihn besonders schmerzen dürfte.

Zwei junge Männer mit Migrationshintergrund, 25 Jahre der eine, 23 der andere, die sich nach einer Familienfeier einen Berliner Busfahrer vorgenommen hatten, wurden zu dreieinhalb beziehungsweise drei Jahren verurteilt.

Der ältere hatte dem Busfahrer »das Messer von hinten in die Flanke« (Tagesspiegel) gestoßen. Weil er nur einmal zugestoßen hatte, ohne den Angriff »fortzusetzen«, ließ der Staatsanwalt die Anklage wegen versuchten Totschlags fallen und plädierte auf schwere Körperverletzung. So ein Verhalten sei »nicht zu akzeptieren«, befand auch die Richterin, ließ aber mildernde Umstände gelten. Die Täter seien keine »gerichtsbekannten Schläger«, sondern »zu groß geratene Jungs, die unter Alkohol mit ihren Konflikten falsch umgehen«. Die Äußerung »Wir stechen dich ab!«, die dem Angriff vorausging, müsse als »Imponiergehabe« verstanden werden, nicht als Ankündigung eines Tötungsvorhabens. Außerdem habe der Messerstich keine lebensgefährliche Verletzung verursacht.

Ein Sprecher der Polizeigewerkschaft kritisierte das Urteil als zu mild, die Sprecherin der Berliner Verkehrsbetriebe nannte es ein »wichtiges Signal«. Entscheidend sei, dass solche Taten überhaupt vor Gericht kommen. »Häufig können die Täter gar nicht überführt werden.«

Zwei Hamburger Müllmänner sind der »Vorteilsannahme« (Bestechlichkeit) und Geldwäsche angeklagt, weil sie bei einer Sperrmüllaktion auch den Tomatenabfall eines türkischen Gemüsehändlers mitgenommen hatten, der ihnen die Gefälligkeit mit 50 Euro für die Kaffeekasse dankte. Das Urteil: 5000 Euro Strafe für den einen Müllmann, ersatzweise 100 Tage Haft, 2800 Euro für den anderen, ersatzweise 70 Tage Haft.

Hätten sie mit ihrem Müllwagen jemand totgefahren, wären sie wahrscheinlich billiger davongekommen.

**Toleranz ist, wenn gebrannte Kinder
das Feuer suchen**

Zum Tag der deutschen Einheit, am 3. Oktober 2003, hielt der CDU-Bundestagsabgeordnete Martin Hohmann eine Rede, die er mit den Worten begann: »Wir wollen uns über das Thema ›Gerechtigkeit für Deutschland‹, über unser Volk und seine etwas schwierige Beziehung zu sich selbst einige Gedanken machen.«

Aber statt sich Gedanken zu machen, polterte Hohmann los: Gegen den »Sozialstaat«, der von »Schmarotzern« gnadenlos ausgenutzt wird, wie etwa von »Miami-Rolf«, dem ein Landessozialamt monatlich 1425 Euro »ins warme Florida« überwies, und »Viagra-Kalle«, der sein Sozialamt vor einem Verwaltungsgericht auf Bezahlung eines Potenzmittels verklagt und das Verfahren in erster Instanz gewonnen hatte. Hohmann ging auf die »horrenden Abfindungen« ein, die an »erfolglose Manager« bezahlt würden und beschrieb das Gefühl, »als normaler Deutscher schlechter behandelt zu werden als andere«; er wäre nicht in der Lage, den Verdacht zu entkräften, »dass man als Deutscher in Deutschland keine Vorzugsbehandlung genießt«, denn: »Erst kommen die anderen, dann wir..., dafür müssen die Deutschen den Gürtel noch ein wenig enger schnallen.«

Die Ursachen dieser »Schieflage«, so Hohmann, müsse man in der deutschen Geschichte suchen. Zwar wolle niemand den Versuch unternehmen, »deutsche Geschichte weißzuwaschen oder vergessen zu machen«, andererseits seien »auch Deutsche im vergangenen Jahrhundert im großen Stil Opfer fremder Gewalt geworden«; und während jede andere Nation dazu neige, »die dunklen Seiten ihrer Geschichte in ein günstigeres Licht zu rücken«, machten es die Deutschen genau andersrum: »Mit geradezu neurotischem Eifer durchforschen immer neue Generationen deutscher Wissenschaftler auch noch die winzigsten Verästelungen der NS-Zeit«, es verwundere, »dass noch keiner den Verzicht auf Messer und Gabel vorgeschlagen hat«, wo doch auch die Nazis sich dieser Instrumente bedient hätten.

Hohmann, 1948 im hessischen Fulda geboren und dort aufgewachsen, gelernter Jurist und seit 1980 Mitglied der CDU, gehörte zu den wenig bekannten Hinterbänklern seiner Fraktion. Als Redner war er im Bundestag nicht aufgefallen. Und so nutzte er die Gelegenheit, sich lange angestauten Groll vom Herzen zu reden: Was ich schon immer mal sagen wollte...

Freilich: Worüber Hohmann wirklich reden wollte, waren weder die Manager noch die Schmarotzer, auch nicht Miami-Rolf oder Viagra-Kalle, die ihm nur als Appetizer dienten. Es war etwas ganz anderes. »Die Deutschen als Tätervolk.« Das sei »ein Bild mit großer... Prägekraft geworden«, während sich »der Rest der Welt in der Rolle der Unschuldslämmer... bestens eingerichtet« habe. Das »Übermaß der Wahrheiten über die verbrecherischen und verhängnisvollen zwölf Jahre der NS-Diktatur« habe dazu geführt, dass »gerade jüngere Menschen« sich dagegen auflehnen, für die »Verfehlungen von Großvätern und Urgroßvätern in Anspruch genommen und mit dem Verdikt ›Angehöriger des Tätervolks‹ belegt zu werden«.

Und nach diesem ausgedehnten Vorspiel stellte Hohmann »die provozierende Frage«, auf die er von Anfang an hingearbeitet hatte: »Gibt es auch beim jüdischen Volk, das wir ausschließlich in der Opferrolle wahrnehmen, eine dunkle Seite in der neueren Geschichte, oder waren Juden ausschließlich die Opfer, die Leidtragenden?«

Es war eine rhetorische Frage, die Hohmann mit allerlei Belegen aus obskuren Quellen zu verifizieren versuchte. Er zitierte Henry Ford und dessen antisemitischen Klassiker »The International Jew« aus dem Jahre 1920, einen Bestseller in der Tradition der »Protokolle der Weisen von Zion«, er wies darauf hin, dass dem siebenköpfigen Politbüro der Bolschewiki im Jahre 1917 gleich vier Juden angehörten, er erinnerte daran, dass Rosa Luxemburg, Eduard Bernstein und Ferdinand Lassalle Juden waren, er rechnete nach, dass von 137 führenden Wiener Austro-Marxisten »81 und somit 60 Prozent jüdisch« waren und dass der Mord am russischen Zaren von einem Juden angeordnet und von einem Juden »eigenhändig vollzogen« wurde. Auch an der Münchener Räterepublik seien Juden maßgeblich beteiligt gewesen und bei der Zwangskollektivierung in der Ukraine »unter maßgeblicher Beteiligung jüdischer Tschekisten« hätten »weit über 10 Millionen Menschen den Tod« gefunden.

Wer Hohmanns Ausführungen folgte, der musste zwangsläufig zu dem Schluss kommen, es habe im 20. Jahrhundert keinen Umsturz und keinen Massenmord gegeben, bei dem Juden nicht die treibende Kraft gewesen wären – mit Ausnahme des Holocaust. Hohmann selbst fasste seine Ausführungen so zusammen: »Mit einer gewissen Berechtigung könnte man im Hinblick auf die Millionen Toten dieser ersten Revolutionsphase nach der ›Täterschaft‹ der Juden fragen. Juden waren in großer Anzahl sowohl in der Führungsebene als auch bei den Tscheka-Erschießungskommandos aktiv. Daher könnte man Juden mit einiger Berechtigung als ›Tätervolk‹ bezeichnen. Das mag erschreckend klingen. Es würde aber der gleichen Logik folgen, mit der man Deutsche als Tätervolk bezeichnet.«

Das war es, worauf Hohmann hinauswollte, er argumentierte quasi über die Bande. Wenn man Deutsche pauschal als »Tätervolk« kriminalisiert, müsse man, der gleichen Logik folgend, das Gleiche auch mit den Juden tun dürfen. Wenn aber die Juden kein »Tätervolk« waren, dann können es auch die Deutschen nicht gewesen sein. Tatsächlich lautet Hohmanns Resümee: »Daher sind weder ›die Deutschen‹ noch ›die Juden‹ ein Tätervolk.« Die Täter, das waren »die Gottlosen mit ihren gottlosen Ideologien«, die Bolschewiken und die Nationalsozialisten.

Und weil er diesen einen Satz sagte, nachdem er sich ausgiebig mit den Verbrechen der Juden im Laufe der neueren Geschichte beschäftigt hatte, verklagt Hohmann seitdem jeden, der es wagt, über ihn zu behaupten, er habe die Juden als »Tätervolk« bezeichnet. Genau das, sagt Hohmann, habe er gerade nicht getan.

Hohmanns Rede, die er vor 120 Zuhörern in seinem Wahlkreis Neuhof bei Fulda gehalten hatte, blieb erst einmal unbemerkt, bis sie drei Wochen später im Netz zu lesen war. Die Staatsanwaltschaft leitete ein Verfahren wegen des Verdachts auf Volksverhetzung ein, das sie später einstellte, was den Vizepräsidenten des Zentralrates der Juden in Deutschland, Salomon Korn, zu der Feststellung veranlasste: »Mit Sicherheit lässt sich aber sagen, dass man Hohmann mit einiger Berechtigung als Antisemiten, allemal als Konjunktivantisemiten, bezeichnen könnte.«

Der Historiker Ulrich Herbert sprach von einer »historisch falschen und mitunter abstrusen Gleichsetzung von Judentum und Bolschewismus«, die »das zentrale Gedankengut des antisemitischen Nationalsozialismus« aufgreift, der »genau mit dieser Verbindung – Judentum und Bolschewismus den Holocaust begründet und legitimiert hat«. Der Leiter des Zentrums für Antisemitismusforschung an der TU Berlin, Wolfgang Benz, äußerte sich noch klarer: »Das ist Goebbels pur, das kann man nicht anders sagen.«

Von ein paar verwirrten Parteifreunden und einigen Rechtsradikalen abgesehen, gab es niemand, der sich vor oder hinter Hohmann gestellt hätte. Allein gelassen, gab er eine Erklärung ab, mit er sich halbherzig von sich selbst distanzierte: »Es war nicht meine Absicht, die Einzigartigkeit des Holocaust zu bestreiten, und es war auch nicht meine Absicht, Juden als Tätervolk zu bezeichnen. Wenn gleichwohl ein anderer Eindruck entstanden ist, dann entschuldige ich mich dafür ganz ausdrücklich und bedauere es, wenn ich dadurch Gefühle von Menschen verletzt habe.« Zugleich aber bestand er darauf, dass er

»Tatsachen« referiert hatte und dass es »auch in der Geschichte des jüdischen Volkes dunkle Flecken« geben würde. »Das will ich aber nicht als Vorwurf sagen, das sage ich nur als Feststellung.«

Die CDU reagierte erst einmal verhalten. Angela Merkel sprach eine Rüge aus, überlegte es sich dann anders und stellte den Antrag, Hohmann aus der CDU/CSU-Fraktion auszuschließen. Und so geschah es. Am 14. November 2003 gab die Fraktion mit 78 Prozent der Stimmen dem Antrag statt.

Das Parteiausschlussverfahren, das Angela Merkel ebenfalls angestoßen hatte, zog sich etwas länger hin. Erst am 16. Juli 2004 wurde Hohmann von der hessischen CDU die Parteizugehörigkeit entzogen, wogegen er erfolglos durch alle Instanzen bis zum Bundesgerichtshof klagte.

Hohmann hatte sich zuerst verrannt, dann verrechnet. Bei den Bundestagswahlen 2005 trat er als unabhängiger Kandidat im Wahlkreis Fulda an und bekam immerhin 22 Prozent der Stimmen. Es war ein »Achtungserfolg«, aber für eine Rückkehr in den Bundestag nicht genug. Seitdem beobachtet er »als Patriot mit Interesse und Sorge die Entwicklung unseres Vaterlandes« und verbreitet von Fulda aus Ratschläge, wie man den demografischen Trend umkehren, die Staatsverschuldung verringern und den Abbau von moralisch-ethischen Maßstäben stoppen könnte.

Fünf Jahre später erlebte die Bundesrepublik einen Skandal, der wie eine Replika der Affäre Hohmann anmutete. Es ging um eine Rede, die bei der Jahrestagung der Sektion Sportgeschichte in der Deutschen Vereinigung für Sportwissenschaft am 20. Juni in Göttingen gehalten wurde und die im Rahmen einer geschlossenen Gesellschaft geblieben wäre, wenn der Deutschlandfunk nicht für ihre teilweise Verbreitung gesorgt hätte. Wie fünf Jahre zuvor in Neuhof bei Fulda ging es auch in Göttingen um den Anteil und die Mitschuld von Juden an einem Kapitalverbrechen: dem Überfall palästinensischer Terroristen auf die israelische Olympiamannschaft im Jahre 1972 in München.

Der Göttinger Sporthistoriker Arnd Krüger referierte über den Anschlag vor 36 Jahren und überraschte seine Kollegen mit einer tollkühnen These: Die israelischen Sportler hätten von dem geplanten Überfall gewusst und seien freiwillig in den Tod gegangen – »um der Sache Israels als Ganzes zu dienen« und auf diese Weise auch »die Schuld und die Schulden« Deutschlands gegenüber dem Staat Israel zu verlängern. Darüber hinaus stellte der Sportprofessor einen Zusammenhang her zwischen dem »Freitod« der Sportler und dem in Israel herrschenden »Körperverständnis«. Krüger behauptete, die Abtreibungsrate in Israel sei zehnmal höher als in vergleichbaren Gesellschaften, außerdem gehöre es zur jüdischen Kultur, »Leben mit Behinderungen zu verhindern«.

Mit seiner Rede, einem zusammengerührten Allerlei aus Spekulationen, Unterstellungen und Ressentiments, bewies Krüger vor allem eines: dass er von Israel und der jüdischen Kultur keine Ahnung hatte. Er präsentierte sozusagen eine makabre Pointe und unterfütterte sie mit einem schlechten Witz, der an die beliebten antisemitischen Ritualmordlegenden erinnerte, nur dass in diesem

Fall die Juden nicht arme Christenkinder, sondern sich selbst geopfert hatten.

Anders als im Falle Hohmann reagierten etliche Teilnehmer der Tagung sofort: Sie sprachen von »gefährlichem Unfug«, »Verhöhnung der Opfer« und »Räubergeschichten«, die der ansonsten geschätzte Kollege verbreiten würde. Bei der Gelegenheit wurde auch, etwas verspätet, ein Interview bekannt, das Krüger dem Hochschulsportmagazin der Uni Göttingen zum gleichen Thema gegeben hatte. Darin sagte er unter anderem: »Als die Attentäter in das olympische Dorf eindrangen, flüchtete einer der Geher als Letzter aus dem israelischen Quartier über den Balkon. Er hatte zentimeterdicke Brillengläser, das heißt, er war praktisch blind ohne Brille. Und wenn jemand wie er flüchten konnte, hätte jeder flüchten können. Aber die anderen wollten nicht. Sie hatten sich freiwillig gemeldet und wussten, dass die Palästinenser kommen würden.«

In seinem Vortrag ging Krüger noch weiter. Er zog Parallelen zu dem Pogrom von Hebron im Jahre 1929, bei dem eine jahrhundertealte Gemeinde orientalischer Juden, die nicht als zionistische Eroberer ins Land gekommen waren, vernichtet und die Stadt judenrein gemacht wurde. Auch damals, so Krüger, hätten die Juden gewusst, was ihnen bevorstehen würde und wären dennoch geblieben, um den Opfertod zu sterben.

Krügers Referat hatte den Titel: »Hebron und München. Wie vermitteln wir die Zeitgeschichte des Sports, ohne uns in den Fallstricken des Antisemitismus zu verhaspeln?«

Nun darf man, zumal in der heiteren Welt der Wissenschaft, alles mit allem vergleichen: den Untergang der »Titanic« mit dem Untergang der »Wilhelm Gustloff«, den Überfall auf den Sender Gleiwitz mit dem Überfall auf Pearl Harbour, die Lage der Palästinenser in Gaza mit der Lage der Juden im Warschauer Ghetto. Worauf es ankommt, ist nicht Realität, sondern Originalität, eine These, die verifiziert oder falsifiziert werden kann. Im Fall von Arnd Krüger allerdings deutet bereits der Titel des Referats auf eine leichte Verwirrung hin. »Hebron« unter »Zeitgeschichte des Sports« zu subsumieren, ist schon recht frivol, es sei denn, man erkennt ein Pogrom als sportliche Disziplin an. Man könnte den wabbeligen Titel auch so deuten, dass Krüger sich sehr wohl »in den Fallstricken des Antisemitismus verhaspeln«, mal so richtig die Finger an einem heißen Eisen verbrennen wollte, denn er wehrte präventiv einen Vorwurf ab, der noch nicht erhoben wurde. Krüger selbst zeigte sich, wie Hohmann, von der Kritik »völlig überrascht« und versicherte, er wäre »mit Sicherheit kein Antisemit«. Er habe, schrieb er in einer Erklärung, die auch von der Uni Göttingen verbreitet wurde, »vier Mitglieder der israelischen Mannschaft (darunter einen der Ermordeten) persönlich« gekannt und in der Zeitschrift »Leistungssport« 1972 einen Nachruf auf die Opfer des Anschlags veröffentlicht, um »seine Gefühle in der Sache« auszudrücken. »Als Zeitzeuge ... treibt mich die Frage um, was damals eigentlich wirklich passiert ist. Dazu ist die Erforschung des Kontextes erforderlich.« Allerdings: »Es tut mir leid, wenn ich hierdurch persönliche Gefühle verletzt habe.« – So ähnlich hatte es auch Hohmann formuliert und sein Problem zu einer Frage der Empfindlichkeit der Adressaten seiner Botschaft erklärt, die völlig unangemessen reagierten, was er ihnen aber nicht verübeln wollte.

Am Ende seiner Erklärung übernimmt Krüger wieder eine Hohmann'sche Argumentationsfigur. »Ich habe zu keiner Zeit vom ›Opfer-Tod‹ der israelischen Sportler gesprochen.«

So wie Hohmann alle Untaten der Juden aufzählte, um am Ende mit einer taktisch-verlogenen Kehrtwende festzustellen, man könne doch nicht von einem »Tätervolk« sprechen, so spekulierte Krüger über eine »freiwillige« Entscheidung der israelischen Sportler, insinuierte einen »Opfer-Tod«, ohne das Wort selbst zu gebrauchen. Aber so hat es sogar das Präsidium der Universität verstanden, das in einer ersten Stellungnahme erklärte, Prof. Krüger habe »die Opfertod-These ... in einen Bezug zu einem unterschiedlichen ›Körperverständnis und Verständnis von (werdendem) Leben‹ in Israel im Vergleich zu anderen Industrienationen« gestellt. Gleichzeitig distanzierte sich das Präsidium »entschieden von allen Äußerungen rassistischen oder auch antisemitischen Inhalts innerhalb und außerhalb der Universität«.

Das heißt, das Präsidium distanzierte sich von allem und jedem, nur nicht ausdrücklich von Prof. Krüger und seinen wirren Thesen. Unverbindlicher konnte eine Stellungnahme nicht ausfallen. Man werde »alles Mögliche tun, um derartigen Vorgängen entgegenzuwirken und klare Zeichen gegen Intoleranz, Rassismus und Antisemitismus zu setzen«.

Die »Erklärung des Präsidiums« war ein Versuch, sich aus einer peinlichen Situation zu stehlen, ohne Farbe zu bekennen und ohne anzuecken. Toleranz zu praktizieren, ohne sich allzu sehr mit einem schwarzen Schaf zu identifizieren. Das hatte seinerzeit auch die CDU mit ihren ersten Reaktionen auf Hohmann versucht – ebenso vergeblich. Denn nur zwei Tage später hieß es in einer weiteren Stellungnahme: »Das Präsidium der Georg-August-Universität distanziert sich mit aller Entschiedenheit von dem politischen Gehalt der von Prof. Krüger geäußerten Thesen und verurteilt, dass durch diese Äußerungen antisemitischen Positionen in unserer Gesellschaft Vorschub geleistet wird.«

Das war unmissverständlich klar und ließ keinen Raum für Interpretationen. Auch die Führung des Deutschen Olympischen Sportbundes forderte Krüger auf, »seine abstrusen Thesen zum Tod der israelischen Geiseln anlässlich des palästinensischen Terroranschlags ... öffentlich zurückzunehmen« und sich »unverzüglich bei den Hinterbliebenen der damaligen Terroropfer« zu entschuldigen. Ebenso deutlich äußerte sich das Präsidium der deutschen Vereinigung für Sportwissenschaft.

Und so war es nicht Einsicht, sondern Alleingelassenwerden, das den Direktor des Sportwissenschaftlichen Instituts an der Uni Göttingen dazu bewog, den Hebel auf »Alle Kraft zurück« umzulegen, wie der Kapitän eines Schaufelraddampfers auf dem Niagara-Fluss kurz vor den Niagara-Fällen. In einem Interview mit der »taz« (»Ich habe eins auf die Nase bekommen«) redete er sich um Hand und Fuß. Er habe versucht, »mir selbst die Sache zu erklären«, und nicht erwartet, dass die Erklärung »bei anderen in den falschen Hals kommt«, dabei »nicht antisemitisch argumentiert, nicht einmal antiisraelisch« und nur herausfinden wollen, »warum die Sportler in dem Haus blieben«. Krüger räumte ein, keine Belege, nicht einmal Anhaltspunkte für seine Theorie des »Opfergangs« zu haben: »Meine Hypothese, dass es eine Warnung in israelischen Zeitungen gab, muss ich überprüfen. Ich spreche leider kein Hebräisch, also habe ich im Vorfeld Kontakt zu einem Kollegen aufgenommen. Ich weiß nicht, ob er mir als Partner zur Verfügung steht, jetzt, wo überall zu lesen ist, ich sei ein Antisemit.«

Jetzt liegt Prof. Krüger auf dem Seziertisch der universitären Ombudskommission. Sie prüft, »ob durch die Thesen Prof. Krügers die Regeln guter wissenschaftlicher Praxis verletzt worden sind«.

Krüger ist 64, in einem Jahr wird er emeritiert. Dass man ihn vorher noch disziplinarisch oder beamtenrechtlich angeht, ist sehr unwahrscheinlich. Er wird seine Thesen zurücknehmen und sich entschuldigen. Dann wird Gras über die Sache wachsen, wie auch im Falle Hohmann.

Aber der Fall Krüger ist zu schön, als dass man ihn einfach zu den Akten legen könnte. Anders als Hohmann, der den Wahlkreis von Alfred Dregger »geerbt« hatte und sich ab und zu mit rechtsnationalen Positionen profilierte, war Krüger noch nie einschlägig aufgefallen.

Er schrieb Abhandlungen über Nudismus in Nazi-Deutschland, internationalen Arbeitersport, über Sport, Politik und Appeasement in den dreißiger Jahren, die Anfänge der olympischen Bewegung in Europa.

Wie schafft es ein Wissenschaftler, sich eines Tages antisemitisch zu artikulieren, ohne es zu wollen? Ohne im traditionellen Sinn des Wortes ein Antisemit zu sein?

Die Antisemitismus-Forscher gehen seit über 100 Jahren der Frage nach, *warum* die Juden gehasst werden. Vielleicht muss man die Frage ein wenig anders stellen: Warum werden *die Juden* gehasst? Warum nicht die Zuckerbäcker, die Linkshänder oder die Radfahrer?

Und statt zu fragen: »Was machen die Juden falsch?«, sollte man besser fragen: »Was hat der Antisemit davon, dass er die Juden nicht leiden kann? Worin liegt der emotionale Zugewinn?« Die Literatur über den Antisemitismus ist noch umfangreicher als die antisemitische Literatur, täglich kommen neue Arbeiten dazu, ein Ende der Strecke ist nicht abzusehen. Auch der Holocaust hat den Antisemitismus nicht beendet, sondern ihm neue Nahrung gegeben, wie die Umtriebe der Holocaustleugner und die iranische Propaganda gegen Israel beweisen.

Kein anderes Ressentiment ist so zäh und so langlebig und in seiner Wirkung so nachhaltig wie der Antisemitismus. Neu am Verhältnis zwischen Juden und Antisemiten ist nur, dass früher die Antisemiten die Grenzen der Toleranz gegenüber den Juden bestimmen konnten, während heute die Juden untereinander darüber streiten, wie weit die Toleranz gegenüber Antisemiten gehen darf. Und ob einer, der Israel das Existenzrecht abspricht, ein »echter Antisemit« oder nur ein »Antizionist« ist, der den Verdacht, etwas gegen die Juden zu haben, weit von sich weist.

Wenn ein Akademiker wie Krüger auf einmal den Hohmann macht, welcher Teufel reitet ihn dann? Was ist es, das ihn in Versuchung führt? Warum nimmt er sich vor, »den Fallstricken des Antisemitismus« zu entkommen, um sich am Ende doch in seinen eigenen Worten zu verfangen?

Diese Fragen sind mit den üblichen Instrumenten der Vorurteilsforschung, der Psychologie und der Soziologie nicht zu beantworten. Eher schon mit Angeboten aus dem Bereich der Theologie. Oder mit einem Sprichwort, das man nur vom Kopf auf die Beine stellen muss: »Gebrannte Kinder suchen das Feuer.«

Das ist es wohl auch, was die Leiterin der Abteilung Presse, Kommunikation und Marketing der Göttinger Universität, Dr. Marietta Fuhrmann-Koch, meint, wenn sie sagt: »Wir Deutsche sind alle Antisemitismus-Experten.«

Deswegen hat die vom Präsidenten der Göttinger Uni eingesetzte Ombudskommission Prof. Arnd Krüger Ende Juli vom Verdacht des Antisemitismus freigesprochen und auf jede Kritik an seinem Verhalten verzichtet. Er habe nicht gegen die »Richtlinien guter wissenschaftlicher Praxis« verstoßen. Wörtlich heißt es in dem Urteil:

»Eine antisemitische Einstellung ist weder expliziter Bestandteil der Thesenbildung noch sind die gefundenen Thesen ohne eine antisemitische Tendenz unvertretbar. Die von Prof. Krüger vertretenen Thesen unterfallen folglich dem Schutz der Wissenschaftsfreiheit (Art.5 Abs.3 S 1GG). Ein wissenschaftliches Fehlverhalten vermag die Ombudskommission nicht festzustellen.«

Das wird Folgen haben. So wie Hohmann gegen jeden vorgeht, der ihm unterstellt, er habe die Juden als »Tätervolk« bezeichnet, wird Krüger nun jeden verfolgen, der behauptet, er sei ein »wissenschaftlicher Antisemit«.

Toleranz ist ein Liebesdienst –
am untauglichen Objekt

Sir Peter Ustinov war ein Multitalent. Er konnte schreiben, moderieren, schauspielern, Regie führen und vor allem: Geschichten erzählen, meistens aus seinem eigenen bewegten Leben, ein Großmeister der Unterhaltung, eine sichere Bank für jede Talkshow.

Ein knappes Jahr vor seinem Tod gab er der »Welt« im April 2003 ein Interview, in dem er auch nach seiner Meinung zum Irakkrieg befragt wurde. Ustinov antwortete: »Ich bin sehr dagegen. Vor allem können Sie keinen Krieg dem Terrorismus erklären, ohne selbst zum Terroristen zu werden. Ich denke, der Terrorismus ist ein Krieg der Armen, und der Krieg ist der Terrorismus der Reichen. Der Krieg ist kein Mittel im Kampf gegen den Terrorismus. Da muss man Ermittlerarbeit führen. Das ist der einzige Weg zur Terrorismusbekämpfung.«

Wie man dem Terrorismus beikommen, einen asymmetrischen Krieg führen und gewinnen kann, ist in der Tat eine spannende Frage. Nur für die Erkenntnis von Ustinov, der Terrorismus sei ein Krieg der Armen, gibt es keinen Beleg. Es ist eine Idee, die seit Robin Hood romantische Fantasien befeuert. Weder die Kämpfer der RAF noch die Kommandanten der Al Qaida kommen aus bedürftigen Familien, haben Not und Entbehrung erfahren, bevor sie beschlossen, Terroristen zu werden. Carlos, der Schakal, Top-Terrorist der siebziger und achtziger Jahre, auf dessen Konto unter anderem der Überfall auf die OPEC-Konferenz in Wien im Jahre 1975 geht, war der Sohn eines marxistischen Rechtsanwalts in Caracas. Er besuchte ein College in London und studierte an der Patrice-Lumumba-Universität in Moskau, bevor er bei der »Volksfront zu Befreiung Palästinas« anheuerte. Carlos war Terrorist von Beruf und aus Leidenschaft, hatte Spaß daran, Menschen umzubringen, wie andere Spaß daran haben, Bierdeckel zu sammeln.

Noch überzeugender ist Ustinovs Empfehlung, den Kampf gegen den Terrorismus mit »Ermittlerarbeit« zu führen. Eine Handvoll BKA-Beamte im Grenzgebiet von Afghanistan und Pakistan, die nach Fußspuren von Osama bin Laden suchen und dann eine Ladung zum Verhör ausstellen, die sie von einem Gerichtsvollzieher zustellen lassen – das wäre ein schöner Plot für eine Komödie mit Peter Ustinov in der Hauptrolle als Kommissar Poirot.

Toleranz ist auch ein Mittel, der Wirklichkeit zu entkommen und sich dabei moralisch überlegen zu fühlen. Alles halb so schlimm, wenn man die Dinge nur in der richtigen Perspektive sieht und dabei die Ruhe nicht verliert.

Nachdem der »Spiegel« in einer Titelgeschichte über die schlechte Behandlung moslemischer Frauen durch ihre eigenen Väter, Männer und Brüder berichtet hatte, meldete ein Berliner Soziologe, der das Milieu aus den Studien anderer Soziologen genau kennt, Widerspruch an: »Zwangsheiraten, Brautpreise, Ehrentötungen und anderes ..., das gibt es genauso wie es auf einheimischer Seite Zwangsentführungen von Kindern, Familientragödien, Bedrohung entfremdeter Ehepartner gibt.« Leider vergaß er zu erwähnen, wann er zum letzten Mal von einem Fall gehört hat, da eine bodenständige Allgäuer Familie beschlossen hätte, eine Tochter, die »Schande« über die Familie gebracht hatte, umzubringen, um die Ehre der Familie zu retten und die Vollstreckung des Urteils dem jüngsten Sohn überließ, weil er noch unter das Jugendstrafrecht fiel. Genau so einen Fall hat es in einer türkischen Migrantenfamilie in Berlin gegeben, die ein tiefes Vertrauen in das deutsche Strafrecht mit einer soliden Kenntnis des Familienrechts verband. Die Eltern der ermordeten Frau beantragten das Erziehungsrecht für den Sohn ihrer toten Tochter, damit der Junge nicht in dem moralisch verdorbenen Umfeld aufwächst, in dem seine Mutter auf die schiefe Bahn geraten war. Allein der Witz von dem Elternmörder, der das Gericht um mildernde Umstände bittet, weil er keine Mutter und keinen Vater mehr habe, ist noch einen Zacken besser.

Das ist kein Kulturrelativismus mehr, keine Toleranz am Rande des Abgrunds – es ist Kumpanei mit einer Form der Gewalt, die sich als Tradition legitimiert. Sensible Intellektuelle, die gerne von »struktureller Gewalt« sprechen, wenn Arbeiterkinder an Gymnasien unterrepräsentiert sind, verfallen einem morbiden Understatement, wenn es um wirkliche Gewalt geht. So spricht auch der Berliner Soziologe von »dramatisierten Problemen«, die aus »anderen Einwandererländern bekannt« sind und

»nach der ersten oder zweiten Generation« verschwinden.

Bingo! Abgesehen davon, dass es vor allem die dritte Generation ist, die sich mit der Integration schwertut, wird es eine zwangsverheiratete 15-jährige »Importbraut« sehr trösten, wenn ihr jemand kurz vor dem Vollzug der Ehe zuruft: »Nimm's leicht, Aische, deine Enkelinnen werden es besser haben!«

Über die Bereitschaft wortstarker Intellektueller, dem Faszinosum Gewalt zu verfallen, ist schon vieles geschrieben worden. Von Ernst Jünger über die Minnesänger Stalins führt eine gerade Linie zu Jean-Paul Sartre, der sich Ende 1974 von Ulrike Meinhof überreden ließ, die RAF-Gefangenen in Stammheim zu besuchen, um mit ihnen über »das Konzept der revolutionären Aktion« zu diskutieren.

Intellektuelle als Advokaten mörderischer Toleranz – dieses Kapitel der Geschichte kann beinah täglich um ein paar neue Seiten fortgeschrieben werden.

Am 13. März 2007 gab der Intendant des Berliner Ensembles, Claus Peymann, »Spiegel online« ein Interview, in dem er erklärte, warum er dem wegen neunfachen Mordes und elffachen Mordversuchs seit 24 Jahren einsitzenden Christian Klar einen Praktikumsplatz an seinem Theater angeboten hatte. Kurz davor hatte Klar aus dem Gefängnis heraus ein »Grußwort« an die Rosa-Luxemburg-Konferenz geschrieben, in dem er dazu aufrief, »die Niederlage der Pläne des Kapitals zu vollenden und die Tür für eine andere Zukunft aufzumachen«. Schließlich sei die Welt reif dafür, »dass die zukünftigen Neugeborenen in ein Leben treten können, das die volle Förderung aller ihrer menschlichen Potenziale bereithalten kann und die Gespenster der Entfremdung von des Menschen gesellschaftlicher Bestimmung vertrieben sind«.

Sosehr sich Christian Klar um die »zukünftigen Neugeborenen« sorgte, denen er ein Leben ohne Entfremdung wünschte – diejenigen, die er aus dem Leben geschossen hatte, waren ihm kein Wort des Bedauerns wert. Peymann seinerseits fand daran nichts auszusetzen und sprang Klar zur Seite: »Ich glaube, dass drei Viertel der Weltbevölkerung die Probleme, die Klar angesprochen hat, durchaus ähnlich sehen.«

Wieso nur drei Viertel? Warum nicht vier Fünftel? Oder sieben Achtel? Wie kam Peymann auf diese Zahl? Sie könnte der Auslastungsquote seines Hauses entsprechen, die Peymann wiederum als Gradmesser der Zustimmung zu seinen politischen Ansichten wertet. Deswegen wähnt er auch drei Viertel der Weltbevölkerung hinter sich und Christian Klar.

Es wäre falsch anzunehmen, so Peymann, »dass da eine Horde isolierter Desperados aus Mordlust einfach mal herumgeschossen und -gebombt hätte«, überall in der Welt hätten »junge Menschen nach neuen Wegen« gesucht. Einige wurden dabei zu Mördern, »aber nicht – und das ist ein wichtiger Unterschied, der gerne unterschlagen wird – zu gewöhnlichen Mördern, die töten, nachdem sie eine Frau vergewaltigt haben oder die töten, um sich zu bereichern«. Nein, »diese Terroristen haben getötet, weil sie glaubten, mit ihren Morden etwas gegen die Ermordung von Hunderttausenden von Kindern und

Frauen in Vietnam tun zu können, weil sie glaubten, etwas gegen das Elend in der Dritten Welt tun zu müssen«. Für ihn, so Peymann, sei Christian Klar »deshalb eine tragische Figur«. Auch er, Peymann, habe damals an einem Scheideweg gestanden: »Ergreifen wir einen Beruf? Gehen wir zum Theater oder gehen wir in den Widerstand?«

Seit der Posener Rede von Heinrich Himmler im Jahre 1943 sind Mörder und ihre Taten nicht zärtlicher idealisiert worden. Und man muss es der Vorsehung danken, dass Peymann damals zum Theater und nicht in den »Widerstand« gegangen ist, sonst wäre vermutlich alles noch viel schlimmer gekommen.

So wird der Begriff »Rampensau« mit neuem Inhalt gefüllt. Ein Theaterintendant, der nicht mehr riskiert als einen Verriss nach einer missglückten Inszenierung, rechtfertigt Mörder, die mit ihren Morden die Welt verbessern wollten. Christian Klar, inzwischen aus der Haft entlassen, hat das ihm angebotene Praktikum nicht angenommen, wegen der »sensationslüsternen Berichterstattung«, so die Leitung des Theaters in einer Mitteilung an die Presse. »Das angestrebte Leben in Normalität nach 26-jähriger Haft scheint unter diesen Umständen nicht möglich. Die in Lessings Theaterstück ›Nathan der Weise‹ postulierte Idee von Vergebung und Verzeihen bleibt offenbar ein Traum.« So wurde Christian Klar um die Chance gebracht, in der berühmten BE-Kantine, wo schon George Tabori und Heiner Müller Stammgäste waren, seine Vorstellungen von einem Leben ohne Entfremdung zu verbreiten. Oder gar eine Nebenrolle im »Nathan« spielen zu können, sehr zum Gefallen eines radikal toleranten Publikums, dessen Gewissen keineswegs durch den Umstand belastet wäre, dass die Opfer von Christian Klar bei der geglückten Resozialisierung ihres Mörders nicht live dabei sein können.

Jürgen Todenhöfer, sagt Ernst A. Grandits in seiner Anmoderation bei der »kulturzeit« auf 3sat am 3. 3. 2008, »war 18 Jahre Abgeordneter des Bundestages und Sprecher der CDU/CSU für Entwicklungspolitik und Rüstungskontrolle, seit 20 Jahren ist er Manager eines Medienunternehmens«. Das klingt wie die Ankündigung eines Gastes, der lange für das Medellin-Kartell gearbeitet hat, bevor er sich besann und Drogenfahnder wurde. Tatsächlich hat der Politiker und Manager eine Wandlung durchgemacht. In seinem neuesten Buch: »Warum tötest du, Zaid?«, so Grandits, versuche Todenhöfer »ein anderes Bild von den Ereignissen im Irak zu zeichnen«; mit den Erlösen aus dem Buch wolle er ein israelisch-palästinensisches Versöhnungsprojekt und ein Projekt für irakische Flüchtlingskinder finanzieren. Hört sich gut an.

Auftritt Todenhöfer, Aufschlag Grandits: »Was bewegt einen hoch bezahlten Manager dazu, unter Lebensgefahr in den Irak zu reisen und, wie Sie im Vorwort schreiben, die Wahrheit zu recherchieren?« Er wollte herausbekommen, sagt Todenhöfer, was »hinter den offiziellen Statements wirklich passiert ..., wir sehen im Fernsehen nicht den wahren Krieg im Irak, wir sehen den Krieg, den das Pentagon uns zeigen möchte ...«

Man müsse, wenn man über den Krieg im Irak berichtet, fährt Todenhöfer fort, zwischen »Terroristen« und »Widerstandskämpfern« unterscheiden. Terroristen, »das sind Al

Qaida, Terroristen sind Menschen, die Zivilisten angreifen«, davon gebe es im Irak etwa 1000, die meisten von ihnen keine Iraker, sondern Ausländer; neben diesen 1000 Al-Qaida-Mördern gebe es noch 100 000 echte Widerstandskämpfer, »ganz normale Menschen wie Sie und ich, die ganz normale Berufe haben, die aber gegen die amerikanische Besatzung kämpfen, als Lehrer, als Schüler, als Student«. So auch Zaid, dessen beide Brüder von den Amerikanern erschossen worden sind »und der daraufhin in den Widerstand gegen die Amerikaner geht, dieser Junge würde nie einen Zivilisten töten, er verachtet Al Qaida«.

Dieser Unterschied zwischen echten Widerstandskämpfern und Terroristen, »der wird im Fernsehen nicht gemacht, wir sehen eigentlich immer nur diese ausländischen Anschläge von Al Qaida, obwohl sie überhaupt nicht repräsentativ für das Geschehen im Irak sind, und die USA braucht natürlich diese Anschläge, um einen Grund für den Krieg im Irak zu haben«.

An dieser Stelle könnte Ernst A. Grandits im Interesse der irritierten Zuschauer eingreifen und seinen Gast fragen, welcher Kaffeesatzexpertin er seine Zahlen verdankt, ob es so etwas wie »repräsentative Anschläge« gebe und woran man im Alltag die »echten Widerstandskämpfer« von unechten ausländischen Terroristen unterscheiden kann. Tragen sie andere Uniformen oder wenigstens ein »R« für Resistance beziehungsweise ein »T« für Terrorist an der Freizeitjacke?

Als unbedarfter Zuschauer, der bis jetzt auf die Propaganda der USA reingefallen ist, wäre man auch für eine andere Klarstellung dankbar: Woher hat Zaid, ein

Mensch wie du und ich, seine Waffe? Handelt es sich um eine Wasserpistole von Fisher-Price oder um eine gebrauchte Kalaschnikow, die ihm sein Naturkundelehrer geschenkt hat? Statt aber zur Aufklärung des Tatbestandes beizutragen, übernimmt Grandits die Sprachregelung seines Gastes, spricht selbst von »Widerstandskämpfern« und fragt nach deren Verhältnis zur Al Qaida.

Auch da kennt sich Todenhöfer bestens aus. Es habe ursprünglich 3000 ausländische Al-Qaida-Kämpfer im Irak gegeben, in den meisten Regionen habe die Bevölkerung den ausländischen Terroristen die Unterstützung entzogen »und sie mussten abziehen«.

Wenn die Amerikaner abziehen würden, »hätte Al Qaida keine Motivation mehr, weil sie keinen Gegner hätten«, das Problem Al Qaida, »1000 ausländische Kämpfer gegen 100 000 Widerstandskämpfer wäre ganz schnell erledigt«, eine Sache von wenigen Wochen.

Auch diese Lageanalyse ist irgendwie unbefriedigend. Warum sind die 100 000 echten Widerstandskämpfer nicht in der Lage, die 1000 ausländischen Kämpfer aus dem Land zu jagen, warum müssen sie auf den Abzug der Amis warten? Die Zustimmung zum Widerstand, sagt Todenhöfer, »den man sich so etwa vorstellen muss wie den französischen Widerstand gegen die deutsche Besatzung während des Zweiten Weltkrieges, diese Zustimmung zum Widerstand nimmt täglich zu«.

Und dann geht es in die Zielgerade. Grandits fragt, was grundsätzlich falsch laufe im Verhältnis zwischen den islamischen Staaten und dem Westen, und Todenhöfer antwortet: »Ich glaube, dass wir uns eine Lebenslüge zurechtgelegt haben, und diese Lebenslüge heißt: Das Problem unserer Zeit ist die Gewalttätigkeit der islamischen Welt, in Wirklichkeit ist der Westen viel gewalttätiger als die muslimische Welt. Die Verbrecher von Al Qaida haben in 20 Jahren 5000 westliche Zivilisten brutal ermordet. Aber der amerikanische Präsident hat im Irak mehrere Hunderttausend Zivilisten getötet, und dann gehört schon sehr viel Chuzpe dazu zu sagen, das Problem unserer Zeit sei die Gewalttätigkeit der Muslime.«

Das eigentliche Problem unserer Zeit »ist die Gewalttätigkeit einiger westlicher Länder. Und das ist auch der Hauptgrund für den Terrorismus. Wenn wir die moslemische Welt morgen so behandeln würden, wie wir gerne selbst behandelt würden, nämlich mit Respekt und Fairness, dann würde auch dem Terrorismus die Basis entzogen.«

Es gibt einige gute Gründe, gegen den Irakkrieg zu sein, die traditionelle Friedfertigkeit der islamischen Welt ist es nicht. Und Todenhöfers Rechenkunststücke können nur bei denjenigen verfangen, die die Anzahl der Terroropfer gegen die der Toten bei Haushaltsunfällen verrechnen und dann zu dem Schluss kommen, die Gefahr, von der Leiter zu fallen und sich dabei den Hals zu brechen, sei viel größer als die, von einem Terroristen getötet zu werden.

Todenhöfers Lebenslüge kommt in einem Büßergewand daher, das auch andere Prediger der grenzenlosen Toleranz, allen voran Günter Grass, gerne anziehen: Wir sind schuld, dass sie uns hassen.

Abgesehen davon, dass in so einer Haltung ein tiefer

Rassismus zum Ausdruck kommt, der im Glauben an den »edlen Wilden« wurzelt, befreit sie auch von der Notwendigkeit, historische Tatsachen zur Kenntnis zu nehmen. Der iranisch-irakische Krieg hat acht Jahre gedauert und mindestens eine Million Menschen das Leben gekostet. Der Bürgerkrieg in Algerien zog sich über zehn Jahre hin, über 100 000 Zivilsten wurden massakriert, darunter die Einwohner ganzer Dörfer. Die Diktatur von Saddam Hussein war langlebig und nicht von Gewaltlosigkeit gezeichnet. Das Mullah-Regime im Iran wird 2009 den 30. Jahrestag seiner Einführung begehen, möglicherweise mit der feierlichen Steinigung einiger Ehebrecherinnen oder dem Aufhängen jugendlicher Homosexueller. Man muss schon sehr wirklichkeitsresistent sein, um den Umstand zu übersehen, dass überzeugte Muslime eine sehr eigene Art der Friedfertigkeit im Umgang mit Ungläubigen und anderen Muslimen praktizieren.

»Blutbad in Baakuba – Fast 70 Iraker starben bei dem schwersten Selbstmordanschlag seit der Machtübergabe« (»taz«, 29. 7. 2004)
»Koreanische Geisel im Irak enthauptet« (»Tagesspiegel«, 23. 6. 2004)
»Amerikaner in Saudi-Arabien enthauptet« (»Welt«, 19. 6. 2004)
»125 Tote nach Selbstmordanschlag bei Bagdad« (»Welt«, 1. 3. 2005)
»Irak vor Bürgerkrieg – Eines der größten Heiligtümer der Schiiten ist gesprengt« (»Tagesspiegel«, 23. 2. 2006)
»Schwerer Anschlag auf Schiiten im Irak« (»Tagesspiegel«, 2. 7. 2006)

»Doppel-Anschlag im Irak tötet mindestens
60 Menschen« (»Welt«, 13. 12. 2006)
»Bombenexplosion in Bagdad tötet weit mehr als
100 Menschen« (»Tagesspiegel«, 4. 2. 2007)
»Wieder Anschlag auf die goldene Moschee in
Samarra« (»Frankfurter Allgemeine Zeitung«,
14. 6. 2007)
»Verheerender Bombenanschlag in Bagdad –
Selbstmordattentäter tötet mehr als 70 Menschen«
(»Welt«, 20. 6. 2007)
»Schwerster Anschlag seit Sturz der Taliban«
(»Welt«, 18. 6. 2007)
»Pakistan setzt Armee gegen fanatische Koranschüler ein«
(»Welt«, 6. 7. 2007)
»Kampf um die Rote Moschee geht weiter«
(»taz«, 7. 7. 2007)
»Gefechte in der Roten Moschee – Islamisten verschanzen
sich in Kellern und auf Minaretten«
(»Frankfurter Allgemeine Zeitung«, 11. 7. 2007)
»Mehr als 200 Tote bei Anschlägen im Irak – Opfer der
Attentate gehören zu religiöser Minderheit«
(»Frankfurter Allgemeine Zeitung«, 16. 8. 2007)
»Irak: Kein Entkommen vor dem Terror«
(»taz«, 16. 8. 2007)
»Suad Saleh, Rektor der islamwissenschaftlichen
Fakultät an der angesehenen Al-Azhar-Universität in
Kairo, fordert die Todessrrafe für jeden Muslim, der
öffentlich erklärt, er sei zum christlichen Glauben
übergetreten.« (»Welt«, 16. 8. 2007)
»Iraks Terroristen schicken Zehnjährigen in den

Selbstmord« (»Welt«, 13. 11. 2007)

»Vor drei Tagen haben die Islamisten in Algier wieder zugeschlagen und viele Menschen getötet.«

(»taz«, 13. 12. 2007)

»Wer kein Kopftuch trägt, wird enthauptet – In Basra wurden in den vergangenen Wochen mindestens 40 Frauen ermordet.« (»taz«, 17. 12. 2007)

»Selbstmordanschlag am Opferfest in Pakistan – Mehr als fünfzig Tote«

(»Frankfurter Allgemeine Zeitung«, 22. 12. 2007)

Eine kleine Zufallsauswahl von Ereignissen, willkürlich herausgegriffen. Einige wichtige Daten fehlen, zum Beispiel der Anschlag auf Benazir Bhutto, der nicht nur sie, sondern über 100 Menschen das Leben kostete, oder der wochenlange Kampf der Gruppe Fatah al Islam um das Palästinenserlager Nahr al Bared im Norden des Libanon, von dem niemand weiß, warum er überhaupt geführt wurde und wie viele Menschen dabei umgekommen sind.

All das müsste Todenhöfer wissen, aber es interessiert ihn nicht. Denn er hat die Zauberformel gefunden, mit der er die Bösen von den Guten separieren kann. Auf der einen Seite die wenigen Terroristen der Al Qaida, die überhaupt keinen Rückhalt in der Bevölkerung haben, auf der anderen Seite die vielen »echten Widerstandskämpfer«, Schüler, Studenten, Lehrer, die nach Feierabend zu den Waffen greifen, Menschen wie du und ich. Genau fünf Tage hat Todenhöfer »undercover« bei einer Familie im Norden des Irak verbracht, wo er seinen Helden »Zaid« kennenlernte. Ähnlich wie beim Speed-Dating, wo schon wenige Minuten genügen, um einen Unbekannten durchzuchecken, hat auch Todenhöfer die Lage rasch erfasst. Die Leser sind auf sein Wort angewiesen, dass es »Zaid« wirklich gibt, dass er die Wahrheit sagt und dass Todenhöfer alles überprüft hat. Deswegen ist auf dem Cover des Buches Todenhöfer deutlich zu sehen, als Reporter mit einem Notizblock in der Hand, während »Zaid« einen weißen Wickel um den Kopf trägt, der ihn unerkennbar macht. So hätte auch Karl May das Problem gelöst, aber der ist ja nie aus Radebeul herausgekommen.

Um sein Buch zu promoten, hat Todenhöfer doppelseitige Anzeigen in der »New York Times«, »Al Quds Al Arabi« und der »Frankfurter Allgemeinen Zeitung« veröffentlicht. Auch unter Anrechnung eines Mengenrabatts muss diese Kampagne so viel gekostet haben, dass von dem Erlös des Buches, den Todenhöfer karitativen Organisationen spenden wollte, nicht viel übrig bleiben dürfte. Layout und Tonfall der Anzeigen erinnern an die Leserbriefe, die in jeder Redaktion für Entzücken sorgen: Eng beschrieben, mit Unterstreichungen und Hervorhebungen und voller Anspielungen auf dunkle Machenschaften, die nur einer mutig ausspricht: der Leserbriefschreiber.

Todenhöfer erzählt alles über die Geschichte des Kolonialismus, das so auszusprechen vor ihm noch niemand gewagt hat. Zum Beispiel: »Nicht ein einziges Mal in den vergangenen zweihundert Jahren hat ein muslimisches Land den Westen angegriffen. Die europäischen Großmächte und die USA waren immer Aggressoren, nie Angegriffene. Seit Beginn der Kolonialisierung wurden Millionen arabische Zivilisten getötet. Der Westen führt in der traurigen Bilanz des Tötens mit weit über 10 zu 1. Die aktuelle Diskussion über die angebliche Gewalttätigkeit der muslimischen Welt stellt die historischen Fakten völlig auf den Kopf. Der Westen war und ist viel gewalttätiger als die muslimische Welt. Nicht die Gewalttätigkeit der Muslime, sondern die Gewalttätigkeit einiger westlicher Länder ist das Problem unserer Zeit.«

Das Problem unserer Zeit ist, dass jeder Hobby-Koch seine eigene TV-Show haben möchte. Daheim Buletten zu braten, ist ihm nicht anspruchsvoll genug, es müssen Hummerschwänze an Reisrand vor Publikum sein. Die Zutaten, aus denen Todenhöfer sein Menü bereitet, sind: schlechtes Gewissen, selektive Wahrnehmung der Geschichte und willkürlicher Umgang mit Fakten und Zahlen. Wer heute eine Debatte über die Tradition der Gewalt im Abendland führt, der rennt sogar im Vatikan offene Türen ein. Zu den beliebtesten Übungen gehört der Rekurs auf die Kreuzzüge; wenn diese Karte auf den Tisch kommt, dann verschwindet sogar 9/11 im Dunst des Relativismus. Und was ist schon die Enthauptung Daniel Pearls vor laufender Videokamera gegen die Untaten der Italiener in Libyen, der Franzosen in Algerien und der Briten in Sarawak?

Trotzdem muss man sich fragen: Wann ist die von Todenhöfer berechnete Bilanz von 10 zu 1 endlich ausgeglichen, wann steht es 10 zu 10, wann werden die »angeblich« gewalttätigen Muslime sagen: Genug gebombt, jetzt können wir einen Dialog auf gleicher Augenhöhe führen?

Das genau ist die Logik, die hinter Todenhöfers Zahlenspielen aufscheint. Wobei er vieles übersieht, damit die Rechnung stimmt: das permanent hohe Niveau innerislamischer Gewalt, die sich nicht gegen den Westen, sondern gegen die eigenen Brüder und Schwestern richtet; den Beitrag islamischer Kaufleute zum Sklavenhandel; die Liebe zum Tod und Märtyrertum, die sich in der islamischen Kultur so fest etabliert hat wie der Hedonismus im dekadenten Westen.

Folgt man freilich Todenhöfer, ist der Islam nicht nur friedfertiger, er ist auch reformfreudiger. »In manchen muslimischen Ländern ist die Frauenförderung in Teilbereichen weiter fortgeschritten als im Westen. So sind etwa in Ägypten 30 Prozent aller Professoren weiblich, in Deutschland nur 10 Prozent. Im Iran sind weit über 60 Prozent aller Studierenden weiblich ... Auch Regierungschefinnen haben in muslimischen Ländern eine längere Tradition als im Westen.«

Und in Saudi-Arabien, möchte man ergänzen, dürfen Frauen sogar den Führerschein machen, aber nur, wenn sie vorher eine Geschlechtsumwandlung vornehmen lassen.

Mit solchen Zahlen hat man zur Zeit des Kalten Krieges die politische und gesellschaftliche Überlegenheit des Sozialismus herbeifantasiert und sogar die marode DDR zur siebt- oder achtstärksten Industriemacht der Welt hochgerechnet. Das macht Todenhöfer heute mit den »muslimischen Ländern«, obwohl es inzwischen genug verlässliche Untersuchungen gibt, die den wachsenden Abstand zwischen dem Westen (und auch dem Fernen

Osten) und der islamischen Welt belegen, nicht weil der Westen so fies, sondern weil die islamische Welt in Traditionen befangen ist, die dem Fortschritt im Wege stehen. Manches von dem, was Todenhöfer von sich gibt, kann man relativ einfach zurechtrücken, anderes bewegt sich in der Grauzone zwischen Geraune und Gerücht. Schon möglich, dass es in Ägypten prozentual mehr weibliche Professoren als in Deutschland gibt. Um diese Zahl beurteilen zu können, müsste man freilich wissen, wie viele Professoren und Professorinnen es überhaupt in Ägypten gibt, einem Land, in dem 80 Millionen Menschen leben, beinahe so viele wie in Deutschland. Man könnte auch einmal nachfragen, wer in Ägypten als »ProfessorIn« gilt. Schließlich ist es noch nicht lange her, dass jeder österreichische Mittelschullehrer einen Anspruch auf diesen Titel hatte.

Aber darauf kommt es Todenhöfer nicht an. Solche Details würden nur stören. Er fordert Gerechtigkeit: »Der Westen muss die muslimische Welt genauso fair behandeln wie er Israel behandelt. Muslime sind so viel wert wie Juden und Christen.«

Daran, dass Muslime so viel wert sind wie Juden und Christen, zweifelt niemand, mit Ausnahme der Muslime, die Konvertiten im Hause Allahs willkommen heißen, die Häretiker in den eigenen Reihen aber mit dem Tod bedrohen. Die Fatwa gegen Salman Rushdie wurde nicht von einem Priester oder einem Rabbiner ausgesprochen, sondern von Ayatollah Khomeini, vor fast 20 Jahren. Und was meint Todenhöfer mit der Forderung, der Westen müsse die muslimische Welt genauso fair behandeln wie er Israel behandelt? Was denkt da in ihm? Wie kommt er plötzlich auf Israel?

Die »Fairness« des Westens im Umgang mit Israel besteht vor allem darin, dass westliche Politiker und Intellektuelle das Land immer wieder dafür verurteilen, dass es sich nicht aus der Geschichte verabschieden und über die Modalitäten seiner Selbstauflösung mit seinen Feinden verhandeln will. Und wer dieselbe »Fairness« für die muslimische Welt wie für Israel einfordert, sollte als erste Übung die Anzahl der UN-Resolutionen zur Palästina-Frage mit der Anzahl der UN-Resolutionen zur Darfur-Frage vergleichen. Danach reden wir weiter.

Mit Todenhöfer zu argumentieren, ist so mühsam, als wollte man Graf Dracula die Schönheit des Sonnenlichts erklären. Er lebt in einer Lego-Welt, in der man nur die Steine passend zusammenlegen muss, damit sie ein Gebäude ergeben. Zum Beweis dafür, dass es den Juden im Iran gut geht, nennt er ein Privileg, das charakteristisch für jede Diktatur ist, die auf eine demokratische Fassade Wert legt. Den Juden, schreibt er, stehe »verfassungsrechtlich ein Parlamentssitz zu«; so ähnlich haben die westlichen Stalinisten die Sowjetunion vom Vorwurf des Antisemitismus freigesprochen – mit dem Hinweis auf das autonome jüdische Gebiet Birobidschan, ein Potemkinsches Dorf im fernen Osten der Sowjetunion mit Jiddisch als offizieller Amtssprache.

Über die Lage der Bahai'i im Iran sagt er nichts, die »antiisraelischen Äußerungen« des iranischen Präsidenten spielt er dagegen herunter. Erstens habe die »geistliche Führung« des Landes den Präsidenten »mehrfach dafür gerügt«, zweitens seien solche Äußerungen »nicht gleichbedeutend mit Judenhass oder Antisemitismus« und drittens gebe es auch »orthodoxe Juden, wie etwa die chassidischen Satmar«, die »eine antizionistische Position« einnehmen. Eine solide Viertelbildung ist auch was Feines.

Einen Tag später, am 4. 3. 2008, sitzt »einer der wichtigsten deutschen Medienmanager« bei Kerner und erzählt wieder über Zaid, »der mit diesem Krieg nichts zu tun haben möchte«. Vor ihm waren schon die »No Angels« und Tony Marshall dran, die jetzt aufmerksam zuhören und zustimmend nicken, wenn Todenhöfer den Unterschied zwischen Terroristen der Al Qaida und echten Widerständlern erklärt. Al Qaida habe im Laufe von 20 Jahren 5000 Zivilsten ermordet, der amerikanische Präsident dagegen mehrere Hunderttausend Zivilisten. Es gehöre eine unglaubliche Überheblichkeit dazu zu sagen, das Problem unserer Zeit sei die Gewalttätigkeit der muslimischen Welt, das Problem unserer Zeit sei die Gewalttätigkeit einiger westlicher Länder. Beifall brandet auf, auch die »No Angels« klatschen.

Todenhöfer zitiert den »berühmten französischen Philosophen« Sartre und die »große jüdische Schriftstellerin« Susan Sontag. Er spricht von der »Lebenslüge, in der wir uns eingerichtet haben«. Wenn man über die Opfer von Al Qaida spricht, dann müsse man auch »über die Opfer der westlichen Politik im Irak und in Afghanistan sprechen«.

Wieder Beifall. Kerners Fragen sind gefällige Stichworte, er zuckt nicht einmal zusammen, als Todenhöfer von einem »Widerstand« schwärmt, der »nie gegen Zivilpersonen kämpft«. Davon bekomme man im Fernsehen nichts zu sehen, im Gegensatz zu den »ein oder zwei oder drei widerlichen Selbstmordattentaten ausländischer Terroristen«, die die amerikanische Regierung brauche, »um diesen Krieg rechtfertigen zu können«.

Die »No Angels« stimmen Todenhöfer zu, Kerner sagt »Vielen Dank für diese Information«. Und der Zuschauer, der sowohl »kulturzeit« auf 3sat wie »kerner« im ZDF gesehen hat, weiß nun: Der Unterschied zwischen Kulturjournalismus und Spätschoppen ist noch kleiner als der zwischen Al Qaida und echten Widerstandskämpfern.

Toleranz ist die Vollendung guter Manieren

Als der 81-jährige Historiker Simon Dubnow, Verfasser einer zehnbändigen »Weltgeschichte des jüdischen Volkes«, am 8. Dezember 1941 in Riga zu seiner Erschießung abgeholt wurde, soll er im letzten Moment den anderen Juden zugerufen haben: »Schreibt alles auf!«

Wahr oder nicht: Die Aufforderung gilt auch heute. Wobei man kaum noch etwas aufschreiben muss, es genügt, den langsamen aber unaufhaltsamen Abstieg in den Toleranzwahn Schritt für Schritt aus allgemein zugänglichen Quellen zu protokollieren. Niemand ist heute darauf angewiesen, heimlich die BBC zu hören oder seine Informationen aus Samisdat-Schriften zu beziehen, Google und Yahoo sind für alle da, allerdings waren Nachrichten noch nie so kurzlebig wie heute.

Weiß noch jemand, wie Daniel Pearle ums Leben gekommen ist? Wie viele Leben der Al-Qaida-Anschlag auf den Madrider Bahnhof Atocha gekostet hat? Oder in welchem Jahr eine Air-France-Maschine auf ihrem Flug von Tel Aviv über Athen nach Paris von einem deutsch-palästinensischen Terrorkommando nach Entebbe entführt wurde?

Schreibt alles auf! Künftige Generationen werden auf unsere Aufzeichnungen so angewiesen sein wie wir auf die Aufzeichnungen von Dubnow, Ringelblum, Wulff und Poliakov angewiesen sind. Damals wie heute treten die Sensationen im Kostüm des Alltäglichen auf.

Eine dänische Künstlergruppe stellt 21 satirische Plakate im Schauraum des Kunstvereins Tiergarten aus. Eines der Bilder heißt »Dummer Stein«, es zeigt die Kaaba in Mekka, ein anderes »Dummer Hut«, darauf ist ein Hut zu sehen, wie er von orthodoxen Juden getragen wird. Die Ausstellung mitten im Weddinger Kiez, einem »sozialen Brennpunkt« mit starker multikultureller Durchmischung und einem hohen Migrantenanteil, wäre kaum jemand aufgefallen, wenn nicht an einem Dienstag Ende Februar 2008 »eine muslimische Besuchergruppe« (»Frankfurter Allgemeine Zeitung«) den Schauraum betreten und die Entfernung des Kaaba-Posters verlangt hätte. Spätere Nachfragen in der Nachbarschaft ergeben, dass die »Besuchergruppe« aus zwei bis drei Jugendlichen bestanden hat, die niemand kennen will, auch nicht der Imam der nahe gelegenen Friedens-Moschee.

Das Bezirksamt Mitte und der Kunstverein reagieren umgehend. Das Plakat wird abgehängt und mit dem Gesicht zur Wand am Boden abgestellt, die Ausstellung vorübergehend geschlossen.

Danach setzt eine Debatte unter allen Beteiligten ein, ob und wenn ja unter welchen Umständen die Ausstellung wieder eröffnet werden soll. Das Landeskriminalamt erstellt eine »Gefahrenanalyse«, eine Diskussion mit den Nachbarn soll die Stimmung vor Ort klären: Wer hat sich beleidigt gefühlt und warum? Sie kommt aber nicht zustande. Zu gefährlich, sagen die einen. Es gibt keinen Diskussionsbedarf, die anderen.

Nach etwa einer Woche wird die Ausstellung wieder eröffnet. Der Vorsitzende der Türkischen Gemeinde in
Deutschland ist auch da und zitiert Artikel 5 des Grund-
gesetzes: »Kunst und Wissenschaft, Forschung und Lehre
sind frei.« Der Vorsitzende der türkischen Gemeinde zu
Berlin widerspricht ihm. Über Religion solle man keine
Witze machen. Der Berliner Innensenator ruft zu Toleranz und gegenseitigem Respekt auf. Der Bezirksbürger-
meister von Berlin-Mitte erklärt, man habe einen »priva-
ten Wachdienst« organisiert, »der mit zwei Personen
während der Öffnungszeiten in der Galerie anwesend ist
und im Notfall eingreifen kann«. Es kommt zu keinem
Notfall, es kommen auch kaum Besucher. Nur das Tür-
schloss wird über Nacht von Unbekannten mit einem Se-
kundenkleber unbrauchbar gemacht.

Auf der nach oben hin offenen Empörungsskala war das
kein Erdbeben, noch nicht mal ein Blubbern. Denn das
internationale Publikum war schon Härteres gewöhnt.
Ende November 2007 hatte ein sudanesisches Gericht in
Khartoum eine aus England stammende Lehrerin zu 15 Tagen Gefängnis verurteilt, weil sie den islamischen Glauben
verunglimpft hatte. Frau Gibbons Verbrechen bestand darin, zugelassen zu haben, dass ihre siebenjährigen Schüler
einen Teddy-Bären »Mohammed« genannt hatten. Sobald
dieser Fall von Religionsbeschimpfung bekannt wurde,
gingen in Khartoum Tausende von Demonstranten Messer
und Stöcke schwingend auf die Straße, riefen »Schande
über Großbritannien« und »Keine Toleranz: Hinrichtung«. Führende sudanesische Kleriker sprachen von einer
westlichen »Verschwörung« gegen den Islam.

Dass die englische Lehrerin mit 15 Tagen Gefängnis davonkam und ihr die in solchen Fällen übliche Prügelstrafe erspart blieb, hatte sie vor allem dem britischen Außenamt zu verdanken, das sich für sie einsetzte, ohne die Sudanesen herauszufordern. Einerseits wurde der sudanesische Botschafter ins Außenamt einbestellt, andererseits war man sehr auf Deeskalation bedacht. Nachdem das Urteil ergangen war, gab das Außenministerium eine Erklärung ab, die milder, weicher und zärtlicher nicht hätte ausfallen können. »Wir sind enttäuscht, nicht aus Mangel an Respekt vor dem Islam, sondern über dieses Urteil selber, das auf ein unschuldiges Missverständnis zurückgeht.«

Noch tiefer verbeugte sich der Erzbischof von Canterbury, Rowan Williams, der bald darauf die Einführung der Scharia in England vorschlagen sollte. Das Urteil sei eine absurde Reaktion auf einen »kleineren kulturellen Fauxpas«. Nicht mehr und nicht weniger.

Die verurteilte Lehrerin ihrerseits hatte nach ihrer Verurteilung und Entlassung nach England nur gute Worte für den Sudan und die Sudanesen übrig. In bester Geiseltradition bedankte sie sich für die gute Behandlung, die ihr zuteil geworden war, und bedauerte, dass sie nicht im Sudan bleiben konnte.

Sollte irgendein Europäer in 20 oder 30 Jahren über diese Geschichte stolpern, könnte er sich fragen: War da nicht noch was? Irgendein Konflikt mit Tausenden von Toten und Vertriebenen? Wie war doch der Name der Region? Darfur oder so ähnlich? Und die hatten nichts anderes und nichts Besseres zu tun, als sich über eine Lehrerin aufzuregen, deren Schüler einen Teddy-Bären »Mohammed« genannt hatten?

Die Geschichte hinter dieser Geschichte hat eine andere Dimension. Es geht nicht um die Lehrerin, nicht um den Teddy, nicht einmal um Mohammed. Es geht um die Infantilisierung der politischen Kultur. So wie eine Horde ungezogener Kinder jedes Gartenfest in einen Horrotrip verwandeln kann, so können ein paar Tausend kreischende, knüppelschwingende Fanatiker dem Rest der Welt ihren Willen aufzwingen. Sie können es, weil sie dazu entschlossen sind und außer ihrem Leben nichts zu verlieren haben, während der Rest der Welt schon Hemmungen hat, sich selbst »zivilisiert« zu nennen, um die anderen nicht zu kränken. Solcherart asymmetrische Kriege finden inzwischen überall statt.

Mitte April 2002 ging ein Foto um die Welt, das bei einer Palästina-Demo in Berlin aufgenommen wurde. Es zeigte einen Vater, der seine etwa fünf Jahre alte Tochter auf seinen Schultern trägt. Der Mann schaut grimmig drein, das Mädchen lächelt schüchtern. Das Bild hätte auch auf einer Demo gegen die Erhöhung der Kita-Gebühren gemacht worden sein können, wenn da nicht ein irritierendes Detail wäre: Irgendjemand hat dem Mädchen eine Bombenattrappe um den Bauch gebunden und ein Stirnband umgelegt, wie es von islamischen Märtyrern getragen wird. Einen Tag vor der Demo in Berlin hatte sich eine junge Frau in Jerusalem in den Tod gesprengt und dabei sechs Israelis mitgenommen. Grund genug zu prüfen, ob ein Fall von Kindesmissbrauch oder Gewaltverherrlichung vorliegt oder gar beides.

Infrage kämen auch die Straftatbestände Volksverhetzung beziehungsweise Aufforderung zu Straftaten, heißt es aus dem Haus des für öffentliche Sicherheit zuständigen Innensenators, der zugleich verspricht, es werde »gegenüber solcher ... Gewaltbereitschaft keine Toleranz« geben. »Hier wurde offen für Mord geworben, ich will solche Leute nicht in der Stadt haben.« Auch der Bundesinnenminister empfiehlt ein hartes Vorgehen: »Kinder als symbolhafte Verherrlichung von Morden und zur Werbung für Terrorakte zu missbrauchen, ist absolut unerträglich.«

Ganz Berlin ist außer sich, nur ein Sprecher der palästinensischen Generalvertretung, wie die PLO-Botschaft offiziell firmiert, behält die Nerven und klärt die Lage auf: »Da wurde jemand eingeschleust, der das Bild der Palästinenser verunglimpfen soll.«

Es dauert nicht lange, und die Polizei hat den angeblichen Agent provocateur gefunden. Es ist ein 33 Jahre alter Palästinenser aus dem Libanon, der seit anderthalb Jahren als geduldeter Asylbewerber in einem Berliner Wohnheim lebt. Seine Frau und die drei Kinder waren schon fünf Jahre vor ihm nach Deutschland gekommen. Er wird festgenommen, erkennungsdienstlich behandelt und wieder entlassen, nachdem er sich zur Sache nicht äußern wollte. »Die Beamten haben ihm ein Vernehmungsangebot gemacht, jetzt muss er sich entscheiden, ob er aussagt«, sagt ein Sprecher der Justizverwaltung. Eine Sprecherin des Innensenators sagt, man prüfe parallel zum laufenden Strafverfahren, welche ausländerrechtlichen Möglichkeiten es gebe, den Mann abzuschieben.

Das habe sich jedoch wiederholt als »sehr schwierig« erwiesen.

Ein paar Wochen später klagt die Staatsanwaltschaft den Mann an, Straftaten in einer Weise gebilligt zu haben, die geeignet sei, den öffentlichen Frieden zu stören. Darauf stehen bis zu drei Jahre Haft. Mitte November kommt es zum Verfahren vor dem Amtsgericht. Der Angeklagte spricht nicht Deutsch, jedes Wort muss übersetzt werden. Er habe nicht die Selbstmordattentate billigen, sondern nur auf das Palästinenserproblem aufmerksam machen wollen. Der Staatsanwalt beantragt sechs Monate Haft auf Bewährung, das Urteil lautet auf fünf Monate mit Bewährung, dazu 300 Stunden gemeinnützige Arbeit. Von einem Widerruf der Duldung oder Abschiebung redet niemand mehr.

Trotzdem fühlt sich der Mann nicht nur missverstanden, sondern auch zu hart bestraft. Er legt Berufung gegen das Urteil ein. Im Mai 2003 wird vor dem Landgericht neu verhandelt. Entgegen der ursprünglichen Einlassung seines Mandanten, es sei nicht seine Absicht gewesen, Selbstmordanschläge zu billigen, will der Anwalt klären lassen, ob Selbstmordanschläge im Nahen Osten als Kriegshandlungen gelten, und beantragt, einen Völkerrechtler als Gutachter zu laden. Das Gericht gibt dem Antrag statt. Der Gutachter ist Professor Norman Paech, der wegen seiner pro-palästinensischen Positionen sogar in seiner eigenen Partei, der PDS, umstritten ist. Ihn als Gutachter in einem solchen Strafprozess zu hören, kommt der Einladung eines Vertreters der Tabakindustrie in einem Hearing über die Folgen des Rauchens gleich.

An dieser Stelle verliert sich die Spur des liebevollen Vaters in den Medien. Lebt er noch geduldet in Berlin oder hat er inzwischen Asyl bekommen? Und was machen seine drei Kinder? Gehen sie noch zur Schule oder basteln sie inzwischen auch Bombenattrappen? Schließt er die deutsche Justiz in seine Gebete ein, wie es ein anderer moslemischer Vater tut, dem das Landgericht Berlin erlaubt hatte, seinen Sohn »Dschihad«, heiliger Krieg, zu nennen, nachdem das Standesamt diesen Namen für das Kind nicht akzeptieren wollte? Dabei hat das Gericht sicher nicht nur den kulturellen Hintergrund berücksichtigt. Der Mann, der seit 2004 mit seiner zweiten Frau und sechs Kindern in Berlin von Sozialhilfe, Kindergeld und Hartz IV lebt, ist ein bekennender Islamist. Die Staatsanwaltschaft ermittelt gegen ihn wegen des Verdachts der Mitgliedschaft in einer terroristischen Vereinigung; er soll an der Vorbereitung der Anschläge von Bali im Jahre 2002 beteiligt gewesen sein. Einem solchen Mann das Recht zu verweigern, seinen Sohn »Dschihad« zu nennen, wäre in der Tat unfair und diskriminierend. Und total intolerant dazu.

Dabei ist Toleranz nur eine Form des *radical chick*, dem auch Politiker gerne verfallen, die cool und hipp sein möchten, auch wenn sie einer Altersgruppe angehören, in der die Nackenrolle wichtiger ist als das neue iPod nano.

Um zu beweisen, dass er nicht nur in der Außenpolitik wenig auf die Beine bringt, hat Bundesaußenminister Frank-Walter Steinmeier zusammen mit seinem französischen Kollegen Bernard Kouchner im November vergangenen Jahres einen Song aufgenommen. Das heißt, Song wäre schon zu viel gesagt: Es war ein Sprechgesang, bei dem Kouchner und Steinmeier den Refrain anstimmten, und der bestand nur in einem Wort: »Deutschland!«

Betreut und aufgenommen wurde das minimalistische Projekt von dem deutsch-türkischen Sänger Muhabbet, der 1984 in Köln geboren wurde und sich schon früh im Milieu einen Namen als Gegenfigur zu den aggressiven Rappern gemacht hat, sozusagen der Lyriker der Protestkultur, eine deutsch-türkische Integrationsfigur.

Wer noch nie einen amtierenden Außenminister rappen sah, kam voll auf seine Kosten. Steinmeier bewegte sich bei der Aufnahme in einem Neuköllner Tonstudio wie Fossy-Bär auf einer heißen Herdplatte, man sah es ihm an, wie sehr er sich wünschte, jeden Moment zu einer Krisensitzung des Kabinetts abberufen zu werden. Aber er hielt eisern durch und simulierte hinterher, ebenso wie Kouchner, gute Laune.

Das Ganze war ein PR-Gag, vordergründig für die Integration von Menschen mit Migrationshintergrund, tatsächlich für den Außenminister, dem irgendjemand geraten haben muss, auch mal ganz locker und hemdsärmelig in die Öffentlichkeit zu gehen.

Und es hätte auch geklappt, wenn nicht die Frankfurter Journalistin Esther Shapira mit einer Geschichte an die Öffentlichkeit gegangen wäre, die »Muhabbet« in einem ganz anderen Licht zeigte. Sie habe, erzählte Shapira, den sanften Rapper vor kurzem bei einer Filmgala getroffen, bei der ihr Dokumentarfilm über den ermordeten holländischen Regisseur Theo van Gogh gezeigt wurde. Man habe sich unterhalten und dabei habe Muhabbet gesagt, so Shapira, van Gogh habe noch Glück gehabt, wenn es nach ihm gegangen wäre, hätte er den Holländer vorher noch in einen Keller gesperrt und gefoltert.

Minister Steinmeier sprang dem Angegriffenen sofort zur Seite. Für die Vorwürfe gebe es »keine Anhaltspunkte«, versicherte er, man solle sich vielmehr ansehen, »was Herr Muhabbet in den vergangenen zwei Jahren gemacht hat« – als »kultureller Botschafter« der Ernst-Reuter-Initiative zur Förderung deutsch-türkischer Beziehungen.

Auch der Rapper wies die Vorwürfe zurück, er hatte die Unterhaltung mit Esther Shapira etwas anders in Erinnerung. Allerdings, in einem Zeitungsinterview, bei dem er den Versuch unternahm, das zu erklären, was er wirklich von dem Mord an Theo van Gogh hält, kam er dem, was er nicht gesagt haben wollte, verdächtig nahe: »Ich habe gesagt, ein fundamentalistischer Moslem kann beim Anblick einer nackten Frau in einer Moschee ausflippen und denken: Wer solche Bilder macht, den foltere ich erst und töte ihn dann.« In einem anderen Interview sprach er von einem »Fall von gestörter Kommunikation«, der zu einem Missverständnis geführt habe: »Ich habe gesagt, es gibt Leute, die hätten diesen van Gogh erst in den Keller gesperrt und gefoltert, bevor sie ihn getötet hätten. Ich hatte diese Aussage in der dritten Person getroffen.«

Und was einer in der dritten Person sagt, hat mit dem, was er in der ersten Person denkt, natürlich nichts zu tun.

Damit war die Causa Steinmeier/Muhabbet ad acta gelegt, und nur ein paar Integrations- und Musikmuffel, die nicht an die versöhnende Kraft des Rappens glauben, schauten im Internet nach, was Muhabbet so treibt, wenn er nicht als »kultureller Botschafter« der Ernst-Reuter-Stiftung unterwegs ist. Einer seiner bekannteren Songs heißt »Im Westen« und fällt nicht nur durch eine revolutionäre Rechtschreibung auf:

> *Wo ich herkomm? Ich komm aus der Küche der Hölle!*
> *Den meisten von euch Fotzen ist der Ort bekannt als Kölle.*
> *Hier ist nichts wie es ist, alles stink nach Fisch und Gülle*
> *Two-faces und masken gib's in hülle und fülle...*
> *Diese stadt ist voller schwuchteln und schlampen,*
> *oberflächlicher Ottos und richtig linken Ratten...*
> *Kommst du in diese Stadt findest du menschen dieser Arten*
> *oder mich! Einen abgefuckten Kannaken...*
> *Ich bin der der schweigt und dir das messer zeigt*
> *nachdem ich zugestochen habe, warne dich: geh nich zu weit!*
> *Kill dich denn für Fotzengelaber hab ich keine Zeit...*
> *Im Westen, bängen die Raps am besten*
> *Im Westen, da fliegen die Fotzen in Fetzen.*

Das sind nun eindeutig Aussagen, die in der ersten Person gemacht werden. Für diese Art von softem Rap ist nicht mehr der Außenminister zuständig, sondern der Innenminister. Oder am besten gleich die Familienministerin, Frau von der Leyen. Wenn es so weitergeht mit der kulturellen Integration, wird sie beim nächsten Familientag der CDU mit Muhabbet rappen, bis die Fotzen in Fetzen fliegen.

Toleranz ist die Fortsetzung der Ratlosigkeit
mit anderen Mitteln

Eine Gesellschaft, die nicht in der Lage ist, mit jugendlichen Intensivtätern fertig zu werden, die »nationalbefreite Zonen« und No-Go-Areas duldet, in denen autochthone
Glatzen oder Unterprivilegierte mit Migrationshintergrund das Sagen haben, eine solche Gesellschaft ist auch
nicht willens, gegenüber Despoten und Diktatoren eine
andere Haltung als die des Gewährenlassens einzuneh-
men. Losungen wie »Wandel durch Handel« oder »Wandel durch Annäherung« beschreiben nur eine asymmetrische Situation, bei der die eine Seite den letzten Rest ihres
schlechten Gewissens zu beruhigen versucht, während die
andere Seite sich fröhlich selbst verwirklicht.

Alles, was man über den heldenhaften Einsatz Europas
bei der Durchsetzung von Menschenrechten wissen
muss, ist eine Nebensächlichkeit aus der Zeit der Taliban-
Herrschaft in Afghanistan. Damals fanden die öffentlichen Hinrichtungen im Stadion von Kabul statt, das von
der EU finanziert worden war. Ein verhaltener Protest der
Europäer gegen diese Zweckentfremdung wurde von den
Taliban mit dem Rat beantwortet, die Europäer sollten ein
zweites Stadion bauen, wenn sie mit der Nutzung des ersten nicht einverstanden wären. Das war's. Und wäre das

Taliban-Regime nicht bald darauf mit Gewalt beseitigt worden, hätten die Europäer möglicherweise die Anregung in die Tat umgesetzt – als einen Beitrag zur Förderung der Zivilgesellschaft in Afghanistan.

Eines freilich unterscheidet die bösen Buben daheim von denen in weiter Ferne. Die einen kosten die Gesellschaft viel Geld, die anderen verfügen über eine erhebliche Kaufkraft. Deswegen will jeder Protest gegen die Zustände in einem Schurkenstaat – USA und Israel ausgenommen – gut überlegt sein. Er könnte der deutschen Außenhandelsbilanz schaden und Arbeitsplätze gefährden.

Seit Jahren führt der Iran die Europäer am Nasenring durch die Arena, und die Europäer lassen sich vorführen wie einst Graf Bobby in einem Prater-Beisl. »Haben Sie soeben ›Arschloch‹ zu mir gesagt?« – »Ja, habe ich.« – »Wollen Sie sich bitte sofort entschuldigen?« – »Nein!« – »Auch gut. Servus.«

Der zweitgrößte Rohölproduzent der Welt will unbedingt Atommacht werden, verspricht freilich, die Kernkraft nur zu friedlichen Zwecken zu nutzen. Nun kommt es darauf an, was man unter »friedlich« versteht. Für die Europäer ist es der Einsatz in Forschung und Wissenschaft, die Mullahs dagegen möchten den Nahen Osten befrieden, indem sie »den Schandfleck [Israel] aus dem Schoß der islamischen Welt beseitigen«. Und das ist ein Wunsch, für den sogar progressive Naturfreunde Verständnis haben, die für die sofortige Abschaltung von Biblis und Gundremmingen *und* für das Recht des Iran auf friedliche Nutzung der Atomkraft demonstrieren.

Gleich nachdem der Iran die UN-Siegel an seinen Atomanlagen entfernt und die Arbeiten zur Urananreicherung wieder aufgenommen hatte, berichtete die »Welt« am 11. 1. 2006:

»Teheran bricht die Siegel an seinen bisher verschlossenen Nuklearanlagen. Die Regierung nimmt die umstrittene Atomforschung wieder auf und signalisiert, dass es ihr um Nuklearwaffen geht. Für den Westen bedeutet dies: Es geht um die Bombe.«

Und so ging's weiter: Bei der Münchener Sicherheitskonferenz Anfang Februar 2006 sagt Angela Merkel: »Wir wollen und wir müssen die Entwicklung iranischer Nuklearwaffen verhindern«, niemand könne erwarten, dass Deutschland »in dieser Frage auch nur die geringste Toleranz aufbringt, wir haben aus unserer Geschichte gelernt«. Der Sprecher des iranischen Außenministers kommentiert Merkels Stellungnahme mit den Worten: »Eine Politikerin sollte nicht die Augen schließen und dann einfach den Mund aufmachen, sondern erst die Augen und dann langsam den Mund.« Der iranische Präsident erklärte: »Ihr könnt noch so viele Resolutionen dieser Art verabschieden, aber ihr könnt den Fortschritt im Iran nicht verhindern. Wir danken Gott, dass er es so eingerichtet hat, dass unsere Feinde Idioten sind.«(»Welt kompakt«, 6. 2. 2006)

Am 13. April 2006 sagt die US-Außenministerin nach einem Treffen mit ihrem kanadischen Amtskollegen: »Es gibt keinen Zweifel daran, dass der Iran seine Salamitaktik fortsetzt, ein bisschen hier und ein bisschen da und dann noch ein bisschen mehr, obwohl die internationale

Gemeinschaft ihnen klar bedeutet hat ›Stop‹. Wenn der Sicherheitsrat wieder zusammentritt, wird diese Missachtung Konsequenzen haben müssen ...« (»Welt«, 15. 4. 2006)

Am 28. April 2006 endet die Frist, die der UN-Sicherheitsrat dem Iran gesetzt hatte, die Uran-Anreicherung zu stoppen. Ein paar Tage vorher kritisierte der Vorsitzende des Auswärtigen Ausschusses im Bundestag, Ruprecht Polenz, die »aufgeregte Debatte«, die Irans Präsidenten in die Hände spielen würde. Der Iran werde »noch fünf bis zehn Jahre« brauchen, bis er eine Atombombe bauen könnte. »Es gibt keinen Zeitdruck, bis Pfingsten oder bis Weihnachten das Problem zu lösen.« (»Tagesspiegel«, 26. 4. 2006)

Auf die UN-Forderung, die Urananreicherung zu stoppen, erklärt der iranische Präsident, der Iran werde keine Verhandlungen über etwas führen, das ihm zustehe. Der Chefunterhändler für das Atomprogramm sagt: »Wir sind allergisch gegen die Aussetzung (der Urananreicherung) ... Wenn sie uns Leid zufügen, werden wir ihnen Leid zufügen. Wir meinen das ernst.« (»Welt«, 2. 5. 2006)

Die Umweltorganisation Greenpeace fordert Bundeskanzlerin Merkel auf, ihre Strategie im Kampf gegen die iranische Atombewaffnung zu ändern und die USA dazu zu drängen, atomar abzurüsten. Die Verhandlungen mit dem Iran könnten nur dann zum Erfolg führen, wenn die westlichen Atomwaffenstaaten selbst glaubwürdig handelten und ihre eigenen Atomwaffenarsenale abbauten, erklärte die Geschäftsführerin von Greenpeace Deutschland. (»Tagesspiegel«, 7. 5. 2006)

Die fünf Vetomächte im UN-Sicherheitsrat und Deutschland bieten dem Iran Hilfe beim Bau von Leichtwasserreaktoren an, inklusive einer Garantie für die Lieferung von Brennstoffen, wenn der Iran seine Urananreicherung stoppt. Angela Merkel spricht von einer »unglaublichen Chance« zur Lösung des Konflikts. (»Welt«, 3. 6. 2006)

Der iranische Außenminister erklärt: »Bei gutem Willen ist ein Durchbruch möglich. Der Iran erwartet ein faires Angebot.« Die Gespräche dürften aber nicht an Bedingungen geknüpft sein. (»Tagesspiegel«, 4. 6. 2006)

Die Internationale Atomenergie-Organisation stellt fest, dass der Iran die Arbeiten in der Urananreicherungsanlage bei Natans fortgesetzt hat. Außerdem seien weitere Gaszentrifugen installiert worden. Zugleich erklärt sich der iranische Präsident zu neuen Gesprächen über das iranische Atomprogramm bereit. (»Tagesspiegel«, 9. 6. 2006)

Die fünf Vetomächte und Deutschland setzen dem Iran eine Frist bis zum 29. Juni, um auf das Angebot von Anfang Juni eine Antwort zu geben. (»Frankfurter Allgemeine Zeitung«, 13. 6. 2006) Der iranische Präsident erklärt: »Wir bewerten das Angebot als einen Schritt nach vorne, und ich habe meine Kollegen angewiesen, es genau zu prüfen.« (»taz«, 17. 6. 2006)

Der iranische Präsident droht der EU mit einem Ende der Zusammenarbeit, sollte sich herausstellen, dass die europäischen Länder nicht »guten Willens« seien. »Wir haben keine Angst und werden uns nicht blind den Anordnungen des Westens beugen.« (»Frankfurter Allgemeine Zeitung«, 14. 7. 2006)

Der Sprecher des iranischen Außenministeriums erklärt: »Der Dialog ist der richtige Weg, der Weg des Extremismus und der Drohungen ist nicht akzeptabel, er wird nicht funktionieren.« Allerdings richtet sich sein Appell nicht an die fünf Vetomächte und Deutschland, sondern an die G-8-Staaten, die er zu neuen Gesprächen auffordert. (»Berliner Zeitung«, 17. 7. 2006)

Der Iran weist die Resolution des Sicherheitsrates vom 31. 7. zurück, die Urananreicherung binnen vier Wochen einzustellen. (»Welt«, 2. 8. 2006) Nachdem der UN-Sicherheitsrat dem Iran völkerrechtlich verbindlich auferlegt hat, die Urananreicherung auszusetzen und mit Sanktionen für den Fall gedroht hat, dass der Iran die Auflage nicht erfüllt, erklärt der Vorsitzende des iranischen Nationalen Sicherheitsrates: »Wir lehnen diese Resolution ab.« Und er droht seinerseits mit Konsequenzen: »Wir werden auf eine Art reagieren, die schmerzhaft für die anderen wäre. Wir wollen die Ölwaffe nicht anwenden, man würde sie uns aufdrängen. Zwingt uns nicht dazu, etwas zu tun, das Leute in der Kälte frieren lässt.« (»Frankfurter Allgemeine Zeitung«, 7. 8. 2006)

Die iranische Führung legt eine umfassende schriftliche Antwort auf das internationale Angebot zur Beilegung des Atomstreits vor. Unter Berufung auf Regierungsvertreter aus Teheran melden Agenturen, Iran habe eine »neue Formel« zur Lösung des Konflikts ins Spiel gebracht und Fragen zu einzelnen Punkten gestellt. (»Frankfurter Allgemeine Zeitung«, 23. 8. 2006)

Die Europäer zeigen sich über die iranische Reaktion enttäuscht. »Wir müssen leider konstatieren, dass diese

Antwort wichtige Fakten nicht enthält«, sagt Kanzlerin Merkel. »Aber die Tür ist weiterhin offen.« (»Welt«, 26. 8. 2006)

Nur fünf Tage vor dem Ablauf des UN-Ultimatums zur Einstellung der Urananreicherung eröffnet der iranische Präsident eine Anlage zur Produktion von »schwerem Wasser«, die einen geplanten Schwerwasserreaktor bei der Stadt Arak versorgen soll. Beim Betrieb eines solchen Reaktors fällt Plutonium an, das zum Bau von Atomwaffen gebraucht wird. (»Welt«, 28. 8. 2006) Zwei Tage später fordert der iranische Präsident den amerikanischen Präsidenten zu einer Fernsehdebatte auf, die nicht zensiert werden dürfe, damit das amerikanische Volk »die Wahrheit« erfahre. (»Frankfurter Allgemeine Zeitung«, 30. 8. 2006)

Nach Ablauf des Ultimatums werden mögliche Sanktionen gegen den Iran diskutiert. Der Vorsitzende des Auswärtigen Ausschusses im Europaparlament, Elmar Brok, sagt der »Berliner Zeitung«, Sanktionen dürften die immer noch möglichen Verhandlungen mit dem Iran nicht behindern, müssten aber zugleich zeigen, dass die Provokationen Teherans nicht hingenommen werden. Der Fraktions-Vize der Grünen, Jürgen Trittin, sagte: »Es ist falsch und bedient die Bombenfantasien des Herrn Rumsfeld, wenn immer nur über Sanktionen geredet wird.« Es sei wichtiger, »endlich mit dem Iran zu reden«. (»Berliner Zeitung«, 1. 9. 2006)

Bei einem Treffen der 25 EU-Außenminister Anfang September 2006 im finnischen Lappeenranta sind sich die Teilnehmer einig, der Diplomatie noch eine Chance zu geben ... Die EU suche weiter den Dialog, gewähre dem Iran aber nur noch eine »kurze Frist«, um den Forderungen der UN nach Aussetzung der Urananreicherung nachzukommen. (»Tagesspiegel«, 3. 9. 2006) »Unsere Position in der Sache ist transparent, klar und logisch«, sagt der iranische Präsident nach einem Treffen mit UN-Generalsekretär Kofi Annan, »und obwohl wir das Vertrauen in die Europäer ... verloren haben, sind wir immer noch bereit, uns auf gleicher Augenhöhe auseinanderzusetzen.« (»Welt«, 4. 9. 2006)

»Annan ohne Erfolg in Teheran«
(»Frankfurter Allgemeine Zeitung«, 4. 9. 2006)
»Rückkehr aus Teheran mit leeren Händen«
(»taz«, 4. 9. 2006)

Die Europäische Union will einen letzten Anlauf für eine Lösung im Atomstreit unternehmen ... Die Beratungen gelten als letzte Chance für Teheran, drohende UN-Sanktionen abzuwenden, nachdem das Ultimatum des Sicherheitsrates ... am 31. August abgelaufen ist. (»Welt«, 6. 9. 2006)

EU-Chefdiplomat Javier Solana und der iranische Unterhändler Ali Laridschani haben am Samstag in Wien über das umstrittene Atomprogramm Teherans gesprochen. Das Treffen fand im österreichischen Kanzleramt statt ... Es gilt als möglicherweise letzte Chance für eine diplomatische Lösung des Konflikts. (»Tagesspiegel«, 10. 9. 2006)

Der iranische Präsident ... hat am Donnerstag zum wiederholten Mal die Forderung nach einem Aussetzen der Urananreicherung abgelehnt. Seine Regierung sei entschlossen, die Atomkraft weiterhin für friedliche Zwecke zu nutzen ... (»Tagesspiegel«, 29. 9. 2006)

Die iranischen Atomanlagen sollen auf Anweisung von Präsident Ahmadinedschad für ausländische Touristen geöffnet werden ... Auf diese Weise wolle der Präsident beweisen, dass das Atomprogramm friedlichen Zwecken und ausschließlich der Energiegewinnung diene. (»Welt«, 5. 10. 2006)

Blix: Sanktionen gegen den Iran sind gefährlich. Der frühere UN-Chefwaffeninspekteur Hans Blix hat vor Sanktionen der Vereinten Nationen gegen Teheran im Atomstreit gewarnt. Es bestehe das Risiko, dass Teheran sich bei einer Verhängung von UN-Sanktionen in seinen atomaren Ambitionen bestätigt sehe ... (»Tagesspiegel«, 24. 10. 2006)

Auch im Jahre 2007 geht es wie gewohnt weiter.

»Atomkontrolleure fühlen sich von Teheran betrogen.« Die iranische Führung beginnt mit den internationalen Atominspekteuren ein Katz-und-Maus-Spiel, wie es einst Saddam Hussein betrieb. (»Welt«, 27. 1. 2007)

»Iran möchte doch über Atompläne reden.« Der iranische Chefunterhändler Ali Laridschani hat auf der Münchener Sicherheitskonferenz die Tür für Verhandlungen über das iranische Atomprogramm wieder einen kleinen Spalt geöffnet. Iran sei verhandlungsbereit. »Wir wollen nicht, dass sie sich Sorgen machen«, rief er den skeptischen Zuhörern zu. Laridschani betonte, über drei Dinge rede er nicht: Suspendierung des Atomprogramms, Israel und den Holocaust, dessen Leugnung er als »Meinungsfreiheit« bezeichnete. (»Tagesspiegel«, 12. 2. 2007)

»Ahmadinedschad stellt Bedingungen für Gespräche.« Der iranische Präsident hat am Dienstag im Atomstreit die Forderung erhoben, auch der Westen müsse seine

Nuklearprogramme aussetzen, bevor es zu Verhandlungen kommen könne. »Die Gerechtigkeit verlangt, dass diejenigen, die mit uns Verhandlungen führen wollen, ihre Programme zum nuklearen Brennstoffkreislauf ebenfalls ausschalten. Dann können wir einen Dialog in einer fairen Atmosphäre halten.« (»Frankfurter Allgemeine Zeitung«, 21. 2. 2007)

»Iran bleibt im Atomstreit stur.« Unbeeindruckt vom Ablauf einer Frist des UN-Sicherheitsrates hat der Iran die Fortsetzung seines Atomprogramms angekündigt. Die Atomtechnologie sei »sehr wichtig für die Entwicklung und die Ehre« Irans, »sie ist es wert, andere Aktivitäten für zehn Jahre zu stoppen und sich ausschließlich auf die Atomfrage zu konzentrieren«. (»Welt«, 22. 2. 2007)

Teheran will derweil trotz möglicher weiterer Sanktionen an seinem Atomprogramm festhalten. Präsident Ahmadinedschad sagte, der Iran sei »ein Zug ohne Bremsen und Rückwärtsgang«. (»Welt«, 26. 2. 2007)

»UN beschließen härtere Sanktionen.« Der UN-Sicherheitsrat hat am Samstag einstimmig die Verschärfung der Strafmaßnahmen gegen den Iran verabschiedet. Die Resolution 1747 enthält ein Verbot von Waffenexporten und das Einfrieren weiterer Konten und verschärft damit die Resolution 1737 von Ende Dezember. US-Außenstaatssekretär Nicholas Burns nannte die neue Resolution eine »internationale Rüge« für Teheran. (»Tagesspiegel«, 25. 3. 2007)

»Iran kommt Atombombe näher.« Iran hat am Montag einen Fortschritt in seinem Atomprogramm verkündet, der dem Land bald die Fähigkeit zur Herstellung einer

Atombombe verschaffen könnte. Der Chefunterhändler der Regierung, Ali Laridschani, sagte, Iran habe begonnen, 3000 Zentrifugen zum Anreichern von Uran einzusetzen. Das gilt als Voraussetzung, um den Sprengstoff für eine Atombombe jährlich zu produzieren. (»Frankfurter Allgemeine Zeitung«, 10. 4. 2007)

»Iran: Wir können nuklearen Brennstoff herstellen.« Der Iran kann sich nach Angaben von Präsident Ahmadinedschad jetzt mit atomarem Brennstoff selbst versorgen. »Der Iran steht seit heute auf der Liste derjenigen Staaten, die in der Lage sind, nuklearen Brennstoff herzustellen ... Der Chef der iranischen Atomenergie-Organisation ... sagte zum »Nationalen Atomtag«, sein Land könne jetzt Uran »im industriellen Maßstab« anreichern. (»Tagesspiegel«, 10. 4. 2007)

»Entsetzen über Irans neue Atompläne.« Ungeachtet internationaler Kritik hat der Iran im Atomstreit noch einmal nachgelegt. Teheran will die industrielle Anreicherung von Uran massiv ausweiten. Das Ziel sei »nicht bloß der Aufbau von 3000 Zentrifugen«, sagte der Chef der nationalen Atomenergiebehörde, »wir haben alles geplant, um 50 000 Zentrifugen zu installieren«. (»Welt«, 11. 4. 2007)

»IAEO: Der Iran kann Atombombe frühestens in vier Jahren bauen.« Der Iran könnte nach Schätzung der IAEO frühestens in »vier bis sechs Jahren« eine Atombombe bauen. »Es gibt also noch viel Zeit zu verhandeln«, sagte IAEO-Sprecherin Melissa Fleming. (»Welt«, 12. 4. 2007)

»Der Westen kommt Iran entgegen.« Die maßgeblichen Regierungen des Westens zeigen Bereitschaft, Iran im Atomstreit entgegenzukommen. Den Iranern könnten Zugeständnisse bei der Aussetzung der Urananreicherung gemacht werden ... Europäische Diplomaten sagten, man müsse sich irgendwo in der Mitte treffen. (»Frankfurter Allgemeine Zeitung«, 26. 4. 2007)

Außenminister Steinmeier hat es am Donnerstag im ARD-Fernsehen als »Pflicht« bezeichnet, Uran-Anreicherung in Ländern wie Iran zu stoppen. (»Frankfurter Allgemeine Zeitung«, 4. 5. 2007)

»Iran bei Urananreicherung weiter als angenommen.« Der Iran hat der Internationalen Atomenergiebehörde (IAEO) zufolge große Fortschritte bei der Urananreicherung erzielt. »Wir glauben, dass sie die Anreicherung im Wesentlichen verstanden haben«, sagte IAEO-Chef Mohammed al Baradei, »ab jetzt müssen sie das Wissen nur noch perfektionieren.« (»Tagesspiegel«, 16. 5. 2007)

Die Sondierungen der EU zur Beilegung des Atomstreits mit Iran verlaufen offenbar deutlich schlechter als bisher bekannt war. Der EU-Außenbeauftragte Javier Solana ... sagte, eine Wiederaufnahme von formalen Verhandlungen sei »sehr schwierig, sehr schwierig«. (»Frankfurter Allgemeine Zeitung«, 16. 5. 2007)

»Nuklearstreit mit Iran eskaliert weiter.« Die Auseinandersetzung um das iranische Atomprogramm hat eine neue Eskalationsstufe erreicht. Nach erneuter Kritik der Internationalen Atomenergie-Agentur an Teheran dringen USA, Frankreich, Großbrtitannien sowie Deutschland auf eine erneute Ausweitung der erstmals im Dezember letzten Jahres verhängten und im März dieses Jahres verschärften UNO-Sanktionen gegen Iran. (»taz«, 25. 5. 2007)

Bundeskanzlerin Merkel droht dem Iran mit weiteren Sanktionen, falls das Land im Streit über das Atomprogramm nicht nachgeben sollte. »Wir können nicht die Augen vor einer Gefährdung verschließen. Ich trete mit Nachdruck dafür ein, dass wir das Problem auf dem Verhandlungsweg lösen, aber dazu müssen wir auch bereit sein, weitere Sanktionen zu verhängen, wenn der Iran nicht einlenkt.« Der Iran bedrohe »die Region, Europa und die Welt«, das müsse verhindert werden. (»Welt«, 15. 10. 2007) Merkel will Handel mit Iran einschränken. Sie will dazu die deutsche Wirtschaft zur Einschränkung ihrer Exporte in den Iran bewegen. (»Welt«, 12. 11. 2007)

»Solana enttäuscht über Iran.« Nach einem fünfstündigen Treffen mit dem iranischen Chefunterhändler Dschalili in London, sagte der EU-Außenbeauftragte Solana: »Ich muss zugeben, dass ich mehr erwartet hätte, und deshalb bin ich enttäuscht.« Dagegen erklärte Dschalili, er habe »gute Verhandlungen« mit Solana geführt und kündigte eine rasche Fortsetzung der Gespräche an. (»Frankfurter Allgemeine Zeitung«, 1. 12. 2007)

Und so geht es weiter und weiter. Die Europäer drohen mit Sanktionen, der Iran macht, was er will, wissend, dass er es mit einem Kränzchen von Papiertigern zu tun hat, denen es vor allem darauf ankommt, den Gang der Geschäfte nicht zu gefährden. Auch Österreich und die Schweiz haben inzwischen milliardenschwere Energieabkommen mit dem Iran geschlossen, die jede »UN-Sanktion« zu einem Witz degradieren.

Einmal freilich lässt die EU ihre Muskeln spielen. Ende Februar 2008 hat sie gegen einen dem Teheraner Parlament vorliegenden Gesetzentwurf protestiert, der für »Apostasie, Ketzerei und Zauberei« die Verhängung der Todesstrafe vorsieht. Die kommt zwar jetzt schon zur Anwendung, aber das neue Gesetz würde dem Richter keinen Spielraum mehr lassen. Nichts spricht dafür, dass die Iraner wegen einem Brief aus Europa von ihren »Reformplänen« abrücken würden, aber für die Europäer, die Politik vor allem als endloses Palaver verstehen, hat so ein Protest die Kraft eines Placebo-Präparats. Sie fühlen sich nach der Einnahme besser.

Auch der Chef der Internationalen Atomenergieagentur, al Baradei, der die Iraner immer zuvorkommend und rücksichtsvoll behandelt hatte, beweist, dass er seinen Job ernst nimmt. Ende April 2008 erteilt er den USA und Israel eine Rüge, nachdem die USA Videos und Satellitenaufnahmen von einem im Bau befindlichen syrischen Reaktor vorgelegt haben, den Israel Anfang September 2007 durch einen Luftangriff zerstört hatte. Damit, so al Baradei, sei die Arbeit seiner Agentur behindert worden; man habe dem Verdacht, Syrien baue mit nordkoreanischer Hilfe eine Atomanlage, nicht nachgehen können.

Israels praktischer Beitrag zur atomaren Abrüstung im Nahen Osten blieb dagegen ungewürdigt. Und auch sonst passierte nichts.

»Der Iran hat im Streit über sein Atomprogramm erneut einen Verzicht auf die Anreicherung von Uran abgelehnt.« Jedes Verhandlungsangebot der internationalen Gemeinschaft, das eine solche Bedingung stelle, werde gar nicht erst in Erwägung gezogen, erklärte das Außenministerium in Teheran am Sonntag. Die Urananreicherung

sei ein »unbestreitbares Recht« des Irans, das kein Anreizpaket aufwiege, sagt Sprecher Mohammad Ali Hosseini.

»Die USA und andere Staaten einigten sich vergangene
Woche darauf, dem Iran ein neues Angebot zu unterbrei-
ten. Der Sicherheitsrat hat gegen Teheran wegen des um-
strittenen Atomprogramms bereits drei Mal Sanktionen
verhängt.« (AP-Meldung, 11. 5. 2008)

»Die internationale Staatengemeinschaft hat dem Iran
ein neues Paket mit Anreizen für einen Verzicht auf die
weitere Urananreicherung vorgelegt ...«

Chefdiplomat Javier Solana überreichte die neuen Vor-
schläge Außenminister Manutschehr Mottaki. Es handle
sich um ein ›großzügiges und umfassendes Angebot‹,
sagte Solana. Damit zeigten die EU und die Gruppe der
fünf ständigen Mitgliedsstaaten im Weltsicherheitsrat unter Einbeziehung Deutschlands ihren Wunsch nach ›konstruktiven und kooperativen Beziehungen mit dem Iran
bei der Atomenergie und in vielen anderen Bereichen‹.
Der Iran solle dabei unterstützt werden, ein modernes
Programm zur wirtschaftlichen Nutzung der Kernenergie
zu entwickeln. Das Paket ist eine geringfügig geänderte
Neuauflage eines ersten Vorschlags aus dem Jahr 2006.

Regierungssprecher Gholam Hossein Elham sagte, Teheran werde das Paket nicht annehmen, wenn damit die
Forderung nach einer Einstellung der Urananreicherung
verbunden sei. Dann werde man es noch nicht einmal näher anschauen, sagte Elham nach einer Meldung der amt-
lichen Nachrichtenagentur IRNA. ›Die Position der Islamischen Republik Iran ist eindeutig.‹« (»20 Minuten«,
Zürich, 14. 6. 2008)

Nur die internationale Staatenbereitschaft will es nicht begreifen. Denn zu einem gelungenen Täuschungsmanöver gehört auch immer einer, der sich täuschen lassen will. Und so gehen die Verhandlungen mit dem Iran weiter. Der Iran macht, was er will, und die Europäer verhandeln. Vor allem darüber, unter welchen Bedingungen verhandelt werden soll. Dass überhaupt noch »verhandelt« wird, gilt schon als ein Erfolg der Diplomatie. Und die Musi spielt dazu.

Am 2. Juli berichtet Bahman Nirumand in der »taz« über »Versöhnlichere Töne aus Teheran«, eine Aufweichung der bislang unversöhnlichen Positionen. Nirumand hört öfter das Gras wachsen, manchmal auch schon bevor es gesät wurde. So hat er unter anderem kurz nach der Wahl Ahmadinedschads zum Präsidenten des Iran vorausgesagt, er werde sich nicht lange im Amt halten. »Bereits nächste Woche«, so Bahman unter Berufung auf Informationen aus Teheran, »sollen die Gespräche mit den ständigen Mitgliedern des UN-Sicherheitsrats und Deutschland wieder aufgenommen werden«; ein Grund für Nirumands Optimismus ist eine Erklärung des Abgeordneten Emad Hosseini, er habe den Eindruck, dass die Europäer ihre Haltung geändert hätten. »Daher sind wir zu dem Ergebnis gelangt, die Verhandlungen wieder aufzunehmen.« Als weiterer Beleg für eine mögliche Kursänderung nennt Nirumand eine Diskussion im iranischen Fernsehen, bei der einige »Teilnehmer Meinungen äußerten, die dem offiziellen Kurs diametral entgegengesetzt waren« – das war im Wesentlichen alles, was er zu bieten hatte.

Nur vier Tage später, am 6. Juli, berichtet die »FAZ«, »die fünf Veto-Mächte des UN-Sicherheitsrats und Deutschland« würden nähere Verhandlungsmöglichkeiten mit Teheran »sondieren« – so als habe man soeben mit den Verhandlungen begonnen. Die Sechser-Gruppe habe sich darauf verständigt, »dass der EU-Außenbeauftrage Solana noch in diesem Monat zu einem Gespräch mit dem iranischen Atomunterhändler Dschalili aufbrechen soll«; zugleich habe Deutschland dem Iran damit »gedroht, dass das iranische Atomprogramm im Sicherheitsrat der Vereinten Nationen abermals zum Thema gemacht würde, sollten die laufenden Verhandlungsbemühungen scheitern«.

Um dieser massiven Drohung Nachdruck zu verleihen, erklärt Außenminister Steinmeier: »Wenn es zu keinen Fortschritten und keinen konstruktiven Antworten aus Teheran kommt, müssen wir über eine neue Runde im Sicherheitsrat nachdenken, ausdrücklich mit Russland und ausdrücklich mit China.«

Und während Steinmeier darüber nachdachte, wie es mit dem Nachdenken über den Iran weitergehen soll, zog die iranische Regierung wieder ihren Joker aus dem Ärmel. Ein iranischer Regierungssprecher gab bekannt, der Iran sei zwar bereit, im Rahmen der internationalen Regeln zu verhandeln, die Einstellung zum Atomprogramm habe sich jedoch nicht geändert. Was die »FAZ« so interpretierte: »Das ließ darauf schließen, dass die wichtigste Forderung des Westens, die Einstellung der Urananreicherung, weiterhin abgelehnt wird.«

Trotzdem trafen sich kurz danach in Genf die Vertreter der »Sechser-Gruppe« mit Repräsentanten der Islami-

schen Republik Iran, um wieder über das »Anreizpaket«
zu verhandeln. Zum ersten Mal saß auch ein ranghoher
amerikanischer Diplomat mit am Tisch, Staatssekretär
Williams Burns, der schon die Libyer und die Nordkorea-
ner davon überzeugt hatte, dass es gut für sie wäre, auf
atomare Abenteuer zu verzichten. Doch diesmal konnte
auch Burns nichts ausrichten. Nach dem mehrstündigen
Treffen, das wie alle vorausgegangenen ergebnisneutral
endete, erklärte Javier Solana, das Gespräch sei »substan-
tiell und konstruktiv« gewesen, man habe allerdings keine Antworten auf die gestellten Fragen erhalten. Auf die
Frage, ob die Führung in Teheran mit weiteren UN-Sanktionen rechnen müsse, orakelte der EU-Außenbeauftragte: »Die Iraner wissen sehr genau, wie es weitergeht,
wenn ansonsten nichts passiert.« Ein iranischer Unterhändler betonte dagegen, man habe sich nur über »allgemeine Punkte« unterhalten. In zwei Wochen werde man
sich wieder zusammensetzen. »Iran bleibt hart«, so die
»Frankfurter Allgemeine Sonntagszeitung« vom 20. Juli
über den Ausgang des Palavers am Genfer See.

Und während Javier Solana schon die Taschen für seine
nächste Reise nach Genf oder Teheran packte, um die
Verhandlungen fortzusetzen und mit Sanktionen für den
Fall zu drohen, dass der Iran die Uran-Anreicherung
nicht aussetzt, forcierten die Iraner den Bau neuer Gaszentrifugen, um mit der Urananreicherung voranzukommen.

So ging die unendliche Geschichte weiter und weiter.
Die USA, die Atomenergiebehörde, die Europäer machten Angebote, unterbreiteten Kompromissvorschläge,

bauten Brücken. Die Iraner setzten sich über alle Offer-
ten souverän hinweg und bauten ihr Atomprogramm
weiter aus. Ende November 2008 fasste Hans Rühle, einer der führenden Sicherheitsexperten der Bundesrepublik die Situation in zwei Sätzen zusammen: »Jüngste
Untersuchungen belegen, dass das iranische Nuklearpro-
gramm sich in seiner finalen Phase befindet. Das Land
hat jahrelang an einem geheimen Militärprogramm gearbeitet – und den Rest der Welt an der Nase herumgeführt.
(»Welt«, 25. November 2008) Bei dieser Gelegenheit wies
Rühle auch darauf hin, dass bei der letzten iranischen Mi-
litärparade im September 2008 ein Banner präsentiert
wurde, auf dem in Englisch und Farsi die Parole zu lesen
war: »Israel should be eliminated from the universe.«

In einem Interview mit der »Welt« vom 15. Dezember
2008 antwortete der Chef der Atomenergiebehörde, Mohammed al-Baradai, auf die Frage, ob die Iran-Politik der
internationalen Gemeinschaft ein Erfolg oder Misserfolg
war: »Bisher war sie ein Misserfolg, wir haben uns keinen
Zentimeter bewegt...«. Mit der Übernahme der amerikanischen Präsidentschaft durch Barack Obama wurden
neue Akzente gesetzt. Jetzt war wieder von einem »Dialog« mit dem Iran die Rede, zugleich sprach Obama in
einem Interview mit dem Sender al-Arabija von der Notwendigkeit von »Opfern« bei einer Lösung des Nahost-
konflikts – bezog dies aber nur auf Israel. Über die Hamas und die Hisbollah, die beide vom Iran unterstützt
werden, verlor der frischgebackene Präsident in seinem
ersten TV-Interview kein Wort, obwohl die Gelegenheit
günstig gewesen wäre.

Anfang Juni 2009 legte die Internationale Atomenergiebehörde einen neuen Bericht zum Stand der Uran-Anreicherung im Iran vor. Danach hatte Teheran insgesamt 4920 Zentrifugen in Betrieb genommen und 1,4 Tonnen angereichertes Uran produziert. Durch die höhere Anzahl an Zentrifugen, hieß es in dem Bericht, sei es für die IAEA- Inspektoren schwieriger geworden, das iranische Atomprogramm zu überwachen. Deswegen erwäge man bei der IAEA die Neuausrichtung der Überwachungskameras.

Toleranz ist eine Einbahnstraße –
mit viel Gegenverkehr

Zum 60. Geburtstag von Salman Rushdie im Juni 2007
wurde der Autor der »Satanischen Verse« von der britischen Königin als Anerkennung für sein literarisches
Schaffen zum Ritter ernannt. Seitdem darf er sich »Sir«
nennen. Doch kaum hatte der Hof die Ehrung bekannt gegeben, gab es schon Ärger. Die iranische Regierung war
außer sich. Eine Person auszuzeichnen und in den Ritter-
stand zu erheben, die zu den meistgehassten in der moslemischen Glaubensgemeinschaft zähle, sei ein »sehr klares
Zeichen von Islamophobie«, erklärte ein iranischer Diplomat in London vor Vertretern der britischen Presse.

Dass die Iraner Rushdie nicht mögen, war zu dieser
Zeit schon lange aktenkundig. Bereits im Jahre 1989 hatte der iranische Revolutionsführer Ayatollah Khomeini
eine Fatwa gegen Rushdie ausgesprochen und eine Milli-
onenprämie für seinen Kopf ausgelobt. Es war ein Todes-
urteil in Abwesenheit gegen einen Dichter, der alle Moslems der Welt dadurch beleidigt hatte, dass er nicht jeden
von ihnen konsultierte, bevor er sich an die Niederschrift
der »Satanischen Verse« machte.

Rushdie war gezwungen, ein Leben im Versteck zu führen, während der Rest der Welt einen »kritischen Dialog«

mit den Mullahs führte – in der Hoffnung auf einen »Wandel durch Annäherung«.

Allen Strapazen und Gefahren zum Trotz ließ sich Rushdie nicht einschüchtern. Immer wieder tauchte er in der Öffentlichkeit auf, gab Lesungen, hielt Vorträge und ließ es dabei meistens an der nötigen Sensibilität fehlen, indem er die landläufige Unterscheidung zwischen dem Islam (als friedlicher Religion) und dem Islamismus (als gewalttätiger Ideologie) nicht mitmachte. Den Terrorismus zum Beispiel erklärte er nicht wie Peter Ustinov und andere Gutmenschen mit der Wut der Armen auf die Reichen, sondern mit der Angst der Männer vor den Frauen: »Es gibt in der islamischen Kultur sexuelle Deformationen in der Beziehung zwischen Männern und Frauen, weil man Barrieren gegen den natürlichen Verkehr der Geschlechter aufgebaut hat.«

Die Richtigkeit dieser Behauptung belegen die vielen jungen Männer, die bei Demonstrationen Dampf ablassen und unbedingt Märtyrer werden wollen, um im Paradies von 72 Jungfrauen verwöhnt zu werden – auch auf die Gefahr hin, dass es am Ende nur eine 72 Jahre alte Jungfrau ist, die ihnen zur Verfügung steht.

Rushdies Roman »Shalimar, der Narr« handelt von einem gehörnten Ehemann, den die Schmach, die ihm seine Frau angetan hat, in die Arme der Gotteskrieger und Terroristen treibt.

Dass es so funktioniert, hatten schon viele geahnt, aber noch niemand hatte es so klar auf den Punkt gebracht wie Rushdie.

Während also im pakistanischen Lahore und anderen moslemischen Zentren der Geistesfreiheit empörte Muslime britische Fahnen verbrannten und »Tod für Großbritannien! Tod für Rushdie!« riefen, während die Regierung in Teheran von einer »Provokation« sprach, einem »beleidigenden und ungebührlichen Akt der britischen Regierung«, während das ägyptische Parlament eine Erklärung verabschiedete, in der es hieß: »Dies ist eine weitere der Beleidigungen des Islam, wie sie zum Terrorismus geführt haben«; während der Vizepräsident des iranischen Parlaments Rushdie einen »verabscheuungswürdigen Kadaver« nannte, ein pakistanisches Regionalparlament die Regierung zum Abbruch der diplomatischen Beziehungen mit London aufforderte und der pakistanische Minister für religiöse Angelegenheiten Rushdie schon präventiv für Terroranschläge verantwortlich machte, die noch nicht geschehen waren – »Wie sollen wir gegen Terrorismus kämpfen, wenn die, die sich der Blasphemie schuldig machen, vom Westen ausgezeichnet werden?« –, während also eine Welle der Empörung durch die islamische Welt rollte, war die Regierung ihrer Majestät um Deeskalation bemüht. Das heißt, sie ging auf diplomatische Tauchstation. Statt sich jede Einmischung in die inneren Angelegenheiten zu verbieten, wie es im umgekehrten Falle die Regierung des Iran, Pakistans und jedes anderen moslemisch regierten Landes getan hätte, hüllte sie sich in Schweigen und überließ das Reden Lord Ahmed, der 1998 als erster Moslem einen Sitz im Oberhaus einnehmen durfte.

Und Lord Ahmed zeigte sich »entsetzt« – nicht über die Reaktionen der Muslime, sondern über den Ritterschlag für Rushdie. Es gehe zu weit, einen Mann zu ehren, der »Blut an den Händen« habe.

Zwar hatte Rushdie niemand ermordet, nicht einmal einen Mordaufruf unterschrieben, doch der Logik von Lord Ahmed folgend war er für die blutigen Krawalle verantwortlich, die er, Rushdie, provoziert hatte.

Damit war das große Buch mit dem Titel »Wir können nichts dafür, dass wir so sind, ihr seid es«! um ein Kapitel reicher. Die Argumentation war nicht neu, dafür aber wie immer kohärent. Was immer auf der Welt passiert, das die Moslems empört, zeigt nicht, wie humorlos, dünnhäutig, intolerant, rückständig und gewaltbereit die Moslems sind, sondern wie infam, hinterhältig und berechnend die Welt ist, die es immer wieder schafft, Millionen von Moslems an den Rand des Nervenzusammenbruchs und darüber hinaus zu treiben, nur um sich hinterher über deren Reaktionen lustig machen zu können.

Auch dies ein weiteres Beispiel für eine Infantilisierung der Debatte, bei der, wie auf einem Bolzplatz, derjenige den Ton angibt, der am lautesten schreit.

Im Falle von Salman Rushdie kam noch hinzu, dass die liberale Öffentlichkeit es leid war, sich schon wieder mit einem solidarisieren zu sollen, der ihr immer wieder Feigheit vorwirft. Eine »FAZ«-Meldung über »neue Drohungen gegen Rushdie« trug die Überschrift: »Armer Ritter«. Löste die von Ayatollah Khomeini im Jahre 1989 erlassene Fatwa noch Entsetzen aus, so nahm im Juni 2007 kaum jemand zur Kenntnis, dass ein hoher iranischer Geistlicher, Ahmed Chatami, die Gültigkeit der »revolutionären Fatwa« bestätigte: Sie könne nicht geändert werden und sei jederzeit vollstreckbar. So richtig regte sich kaum jemand auf, bis auf die kanadisch-moslemische Schriftstellerin Irshad Manji.

»Ich bin beleidigt«, schrieb sie, »weil jedes Jahr mehr Frauen in Pakistan ermordet werden, weil sie angeblich die Familienehre verletzt haben ... Ich bin beleidigt, weil am Sonntag mindestens 35 Muslime von anderen Muslimen bei einem Bombenangriff in Kabul und 80 Muslime in Bagdad in Stücke gerissen wurden ... Ich bin auch beleidigt, weil so viele andere Muslime nicht beleidigt sind und gegen diese selbst ernannten Botschafter Gottes demonstrieren ... Salman Rushdie ist nicht das Problem, die Muslime selbst sind es ...«

Derweil stellte Ayaan Hirsi Ali eine rhetorische, aber begründete Frage: Was wäre, wenn ein Haufen Engländer durch Londons Straßen ziehen und dabei Mohammed-Puppen, Koran-Ausgaben und saudische Flaggen verbrennen würde, so wie es fanatisierte moslemische Studenten in Pakistan mit Puppen der Queen und Salman Rushdies getan hatten? »So ein tobender Mob ist im modernen Westen selten, in der muslimischen Welt jedoch ist er mittlerweile an der Tagesordnung.«

Natürlich handelt der Mob nicht auf eigene Initiative, er wird mobilisiert und gelenkt; aber für die Außenwirkung ist es irrelevant, ob es sich bei den Demonstranten um authentische Sponties oder ferngesteuerte Marionetten handelt. Das Einzige, das zählt, ist der Eindruck, den der rasende Mob hinterlässt. Kundgebungen der Heilsarmee sehen anders aus.

Die kluge Ayaan Hirsi Ali trifft mit ihrer Frage mitten ins Schwarze: Es ist undenkbar, dass sich brave Anglikaner zusammenrotten, um die Todesstrafe für diejenigen zu fordern, die über Jesus Witze machen. Sie sitzen lieber daheim und schauen sich Monty Python's »Life of Brian« auf DVD an – während der Erzbischof von Canterbury, Rowan Williams, nicht etwa für die Rechte der christlichen Minderheit in Pakistan, sondern für die Einführung der Scharia in England eintritt – um den sozialen Zusammenhalt der Gesellschaft zu stärken.

Anders als in einem Physiklabor gibt es freilich in der Gesellschaft kein Vakuum. Wenn eine Seite zurückweicht, rückt die andere vor und besetzt den frei gewordenen Raum. Es geht nicht anders. So entstehen auch »nationalbefreite Zonen« und »No-go-areas«.

Und was im Mikrokosmos klappt, das funktioniert auch im großen Maßstab.

Nachdem Papst Benedikt XVI. am 12. September 2006 an der Regensburger Universität im Rahmen einer Vorlesung über Glauben und Vernunft, Religion und Gewalt auch über die Frage gesprochen hatte, wer der Gott des Propheten Mohammeds ist, brach in der islamischen Welt ein Sturm der Empörung aus. Dabei hatte der Papst nicht einmal seine Meinung geäußert, sondern nur zitiert: Aus einem Gespräch zwischen »dem gelehrten byzantinischen Kaiser Manuel II. Palaiologos im Winterlager zu Ankara mit einem gebildeten Perser über Christentum und Islam und beider Wahrheit«. In dem Gespräch, das im Jahre 1391 stattgefunden hatte, sagt Kaiser Manuel II.: »Zeig mir doch, was Mohammed Neues gebracht hat, und da wirst du nur Schlechtes und Inhumanes finden wie dies, dass er vorgeschrieben hat, den Glauben, den er predigte, durch das Schwert zu verbreiten.«

Eine Wahrheit, wie sie schlichter und ergreifender nicht sein könnte.

Allerdings: In Zeiten erhöhter Sensibilität gegenüber dem Islam, »dieser reinsten und abstraktesten aller monotheistischen Religionen« (»Daily Telegraph«), müssen auch historische Tatsachen neu evaluiert werden, unter anderem die, dass Mohammed kein Mitglied der Internationale der Kriegsdienstverweigerer, sondern ein Feldherr war, der mit Feuer und Schwert umzugehen verstand.

Und so musste auch der Papst erleben, dass man Moslems nicht ungestraft eine Neigung zur Gewalt unterstellen kann und dass jeder, der es tut, umgehend zur Ordnung gerufen wird. Als Erste reagierte die staatliche türkische Religionsbehörde. Deren Vorsitzender erklärte, der Papst habe eine »Kreuzfahrermentalität« und eine »feindselige Haltung« an den Tag gelegt, die Äußerungen des Papstes müssten zurückgenommen werden. Wie man ein 615 Jahre altes Zitat zurücknimmt, verriet er nicht. Auch der Generalsekretär des deutschen Zentralrates der Muslime und der Vorsitzende des deutschen Islamrats wiesen den Papst auf die Sünden des Christentums hin, die sie ihm aber – dem interreligiösen Dialog zuliebe – nicht zur Last legen wollten: »Wenn wir alle in die historische Kiste greifen wollten, dann wäre der Dialog kaum möglich.«

Doch das war nur das Vorspiel. Die Welle der Empörung nahm in der Türkei ihren Anfang und verbreitete sich bald über Ägypten, den Iran und Pakistan bis nach Indonesien. Die Moslembrüderschaft rief die Regierungen der islamischen Staaten auf, ihre Beziehungen zum

Vatikan abzubrechen, wenn sich der Papst nicht entschuldige. Ein führender Politiker der türkischen Regierungspartei AKP nannte den Papst in einem Atemzug mit »Hitler und Mussolini«, einen Mann, »der die Mentalität der Kreuzfahrer wiederbelebt«. Das pakistanische Parlament forderte einstimmig eine Entschuldigung des Papstes: Wer »den Islam als eine intolerante Religion bezeichnet, der fordert Gewalt heraus«. Der Drohung wurde durch Demonstranten Nachdruck verliehen, die mit Plakaten aufmarschiert waren, auf denen »Jihad is our way« zu lesen war. In Ägypten rief die islamische Arbeitspartei zu Protesten auf: »Wacht auf, Muslime, der Papst beleidigt den Propheten ...« Die Organisation der Islamischen Konferenz, die 57 islamisch verfasste Staaten vertritt, sprach von einer »Verleumdungskampagne gegen den Propheten Mohammed« und betonte, die Moslems hätten immer Zurückhaltung geübt, statt die Kreuzzüge der Christen zu kritisieren. Die Grünen in Deutschland warfen dem Papst vor, mit seinen »einseitigen, merkwürdig geschichtsblinden« Aussagen das Christentum über andere Religionen zu stellen.

Um die Situation zu beruhigen, gab der Vatikansprecher eine Erklärung ab, in der er versicherte, der Papst habe nicht die Absicht gehabt, »die Sensibilität der muslimischen Gläubigen zu verletzen«. Doch für solche unverbindlichen Freundlichkeiten war es bereits zu spät. Wie schon ein halbes Jahr zuvor im Fall der dänischen Mohammed-Karikaturen waren viele Moslems überzeugt, die Rede des Papstes sei Teil eines Krieges, »den der Westen gegen die muslimische Welt führt, wie in Afghanistan, im Irak und im Libanon«, wie es ein ägyptischer Politiker formulierte. Und auf Al Dschasira hieß es: »Man wusste ja, dass sich dieser Papst mit dem internationalen Zionismus verbündet hat.«

»Muslime in aller Welt: Papst verleumdet den Islam«, titelte der »Tagesspiegel«, »Muslime sehen sich von Papst beleidigt«, die »Frankfurter Rundschau«.

Da zog der Vatikan die Notbremse. Hatte die Kirche 359 Jahre gebraucht, um Galileo Galilei zu rehabilitieren und das Urteil aus dem Jahre 1633 aufzuheben, reagierte sie jetzt schon vier Tage nach der Regensburger Vorlesung des Papstes. »Mit Hochachtung betrachtet die Kirche die Muslime, die den alleinigen Gott anbeten, den lebendigen und in sich seienden, barmherzigen und allmächtigen, den Schöpfer des Himmels und der Erde, der zu den Menschen gesprochen hat ...« Was das Urteil des byzantinischen Kaisers über die Muslime betrifft, so habe »der Papst nicht beabsichtigt und beabsichtigt keinesfalls, es sich zu eigen zu machen«. Daher bedauere der Heilige Vater zutiefst, »dass einige Passagen seiner Rede als Beleidigung des Empfindens gläubiger Muslime klingen konnten und dass sie in einer Weise interpretiert wurden, die keinesfalls seinen Intentionen entspricht ...«

Die Erklärung des Vatikans war keine Entschuldigung, aber sie kam einer solchen sehr nahe. Der Vorsitzende der türkischen Religionsbehörde äußerte sich zufrieden, auch der Vorsitzende des Zentralrates der Muslime in Deutschland war »sehr froh und glücklich« über die Klarstellung. Die Moslembruderschaft hatte allerdings mehr erwartet und war ein wenig enttäuscht.

Einen Tag darauf meldete sich der Papst persönlich zu Wort. Er wäre »tief betrübt«, sagte er beim Angelusgebet, dass eine Passage seiner Rede als »beleidigend für muslimische Gläubige« verstanden wurde. »Es handelte sich dabei um ein Zitat eines mittelalterlichen Textes, das in keiner Weise mein persönliches Denken widerspiegelt«, sagte der Nachfolger Petri in der Ansprache, die von Al Dschasira live in die moslemische Welt übertragen wurde – eine extrem kooperative Geste, wenn man bedenkt, dass in Saudi-Arabien sogar der Besitz und die Einfuhr von Bibeln verboten ist.

Streng formal betrachtet, hatte der Papst sich auch diesmal nicht entschuldigt, sondern nur heftig zurückgerudert. Aber so wie es bei dem anstößigen Zitat nicht darauf ankam, wie es gemeint war, sondern wie es in der moslemischen Welt verstanden wurde, so war es auch bei der Nicht-Entschuldigung entscheidend, wie sie bei den Adressaten ankam. Der Zentralrat der Muslime in Deutschland begrüßte die Klarstellung, sie sei ein wichtiger Schritt gewesen, »um die Proteste der letzten Tage in vielen Teilen der Welt zu beruhigen«. Ein Sprecher der ägyptischen Muslimbrüderschaft erklärte: »Gleichgültig, ob der Papst es in guter oder schlechter Absicht gesagt hat, wir akzeptieren seine Entschuldigung, denn wir wollen keine Krise zwischen Muslimen und Christen heraufbeschwören.« Das war auch ganz im Sinne des Vatikans und deswegen wurde die Behauptung, der Papst habe sich entschuldigt, nicht richtig gestellt.

Derweil wurde in Somalia eine 65-jährige italienische Nonne, die als Krankenschwester in einem Krankenhaus arbeitete, erschossen, worauf der Vatikan-Sprecher Federico Lombardi sagte, er hoffe, dass es sich bei dem Tod der Nonne um »einen vereinzelten Vorfall« handle. Mehr war nicht drin. Weder gingen militante Christen auf die Straße noch sah sich irgendeine moslemische Autorität veranlasst, ihr Bedauern über den »Vorfall« auszudrücken. Denn es ging nicht um ein über 600 Jahre altes islamkritisches Zitat, sondern um eine antichristliche Bluttat von heute, wie sie in islamischen Gesellschaften öfter vorkommen, ohne dass sie vom Westen entsprechend wahrgenommen würden.

Denn die Losung lautet: »Nur kein Öl ins Feuer gießen« beziehungsweise »Nur nicht provozieren, es könnte ja noch schlimmer kommen«. Als nach der »Entschuldigung« des Papstes »Unbekannte« eine Serie von Anschlägen auf christliche Einrichtungen im Westjordanland verübten, sagte der lateinische Patriarch von Jerusalem und Vertreter des Papstes in der Region, Michel Sabbah: »Die Anschläge werden die guten Beziehungen zwischen muslimischen und christlichen Palästinensern nicht beeinträchtigen.«

Der Vertreter des Vertreters weiß es besser. Er weiß, dass die Beziehungen nicht gut, sondern katastrophal sind, dass immer mehr christliche Palästinenser das Land verlassen, nicht wegen der israelischen Besatzung, sondern weil sie von ihren moslemischen Nachbarn schikaniert und terrorisiert werden. Das »christliche« Bethlehem ist heute eine zu 90 Prozent islamische Stadt, die sich zu Weihnachten christlich kostümiert, weil es das Bild ist, das die Welt braucht, um Christi Geburt feiern zu können. Millionen von TV-Zuschauern halten die Inszenierung für ein Abbild der Realität.

Die Geschichte von Benedikt XVI. und dem Zitat aus dem 14. Jahrhundert, das die moslemische Welt in Rage versetzte, ist so einmalig, dass sie es verdient, an dieser Stelle kurz zusammengefasst zu werden. Sogar in Italien wurde gewitzelt, so schnell und so eindeutig habe sich in den vergangenen 2000 Jahren noch kein Papst »entschuldigt«.

Am Dienstagabend, 12. September, hält der Papst in Regensburg eine Vorlesung, in der er einen byzantinischen Kaiser zitiert. Am Donnerstagabend versichert der Pressesprecher des Vatikans, dass der Papst keineswegs die Gefühle gläubiger Moslems beleidigen wollte. Am Samstag gibt der zweite Mann im Vatikan, Kardinalstaatssekretär Bertone, eine Fünf-Punkte-Erklärung ab, in der er ausführlich die Wertschätzung des Papstes für gläubige Muslime darlegt – von ungläubigen, säkularen Muslimen, die es auch geben soll, ist keine Rede. Am Sonntag meldet sich der Papst persönlich zu Wort und erklärt den »wahren Sinn« seiner Worte: Es sei die »Einladung zu einem freimütigen und aufrichtigen Dialog unter großem gegenseitigem Respekt« gewesen. Die versöhnlichen Papstworte wurden vom »Osservatore Romano« auch auf Arabisch, Französisch und Englisch veröffentlicht.

Ein Hütchen-Spiel ist dagegen eine Übung in Zeitlupe. Wäre es im selben Tempo weitergegangen, hätte sich spätestens am Montag der Allmächtige persönlich zu Wort melden und erklären müssen, wie er das Zitat aus dem Jahre 1391 verstanden habe und was er von dessen

Wiedergabe durch seinen Stellvertreter halte. Dass es dazu nicht mehr kam, lag nur daran, dass den Moslems nach der Stellungnahme des Papstes die Munition ausgegangen war. Wie oft und wie lange kann man von einem Sünder eine Entschuldigung erwarten, der sich de facto bereits entschuldigt hat? Pragmatisch betrachtet, hat der Papst das Richtige getan, nur hat er dabei auf voller Linie kapituliert und eine Vorleistung erbracht, ohne irgendeine Gegenleistung in Rechnung zu stellen. Vielleicht hat er wenigstens ein extra Vaterunser für die in Somalia ermordete Nonne gebetet.

Wie schon im Fall des Ritterschlags für Salman Rushdie waren die Reaktionen der aufgeklärten Öffentlichkeit, deren Wortführer außer sich geraten, wenn ein Bischof von »entarteter Kunst« spricht, eher zurückhaltend. Der Papst sei schlecht beraten gewesen, er habe die Folgen seiner Rede nicht bedacht, man wisse doch inzwischen, wie die Moslems ticken ...

Und wieder war es ein liberaler Moslem, der die Europäer mit ihrem Versagen konfrontierte. Magdi Allam, stellvertretender Chef des »Corriere della Sera« und inzwischen zum Christentum übergetreten, stellte die Frage, wie es denn sein könne, »dass Muslime, besonders die sogenannten Gemäßigten unter ihnen, sich nie mit ähnlichem Eifer gegen die wahren Verächter des Islam erheben, die islamischen Terroristen?« Das Problem sei ein Islam, »der von Extremisten verwandelt wird von einem Glauben an Gott in eine Ideologie, die eine totalitäre und theokratische Macht all jenen aufzwingen will, die nicht so sind wie sie«.

Dagegen hörte sich das, was der Hamburger Weihbischof Hans-Jochen Jaschke, bei der Deutschen Bischofskonferenz zuständig für den Dialog mit anderen Religionen, zu sagen hatte, recht weichgespült an. Er sei »sehr erschrocken über diesen Ausbruch von Erregung und auch Fanatismus«; man müsse Gefühle beachten und dürfe sich gegenseitig nie verletzen. »Toleranz im guten Sinne muss immer die Stärke der westlichen Welt bleiben.« Und: »Statt des Kampfes der Kulturen brauchen wir einen Dialog der Religionen.« Jaschke, ein liberaler und umgänglicher Katholik, der seinen Glauben nie jemand aufzwingen würde, hatte nicht bemerkt, dass der Dialog der Religionen bereits mit Volldampf unterwegs war, wobei der Westen viel Toleranz und keine Stärke zeigte.

Anders dagegen reagierte der deutsche Kurienkardinal Walter Jasper. Er warnte vor zu hohen Erwartungen an den interreligiösen Dialog. Der Islam verstehe sich als dem Christentum überlegen und verhalte sich nur dort tolerant, wo er in der Minderheit sei. »Wo er die Mehrheit hat, kennt er keine Religionsfreiheit in unserem Sinn.«

Wie zum Beweis der Richtigkeit solcher Einsichten kündigte der irakische Zweig der Al Qaida Vergeltung für die Aussagen des Papstes zum Islam an. »Gott wird den Muslimen helfen, Rom zu erobern.« Nach einem Sieg des Islam im Heiligen Krieg werde man den Unterlegenen anbieten, zum Islam überzutreten oder getötet zu werden. Die Regierung in Teheran verlangte eine eindeutigere Entschuldigung, der Chef-Ayatollah des Iran, Ali Chameini, stellte fest, die Papstrede sei das »letzte Glied eines Komplotts für einen Kreuzzug«. Und nachdem der Papst die beim Heiligen Stuhl akkreditierten Botschafter islamischer Staaten zu einem Gespräch empfangen hatte, um auch die letzten Zweifel an der Aufrichtigkeit seiner Klarstellungen auszuräumen, forderte die Organisation Islamischer Konferenz, die 57 Staaten vertritt, wieder eine ausdrückliche Entschuldigung des Papstes.

Das Problem, das der Westen mit dem Islam hat und das er mit Ausdauer, Entgegenkommen und Toleranz zu entschärfen versucht, wäre mit einem Schlag gelöst, wenn der Westen den Vorschlag eines engen Vertrauten von Osama bin Laden annehmen würde. Aiman al Sawahiri wandte sich kurz vor dem fünften Jahrestag von 9/11 mit einer Videobotschaft »an das amerikanische Volk und an die Menschen im Westen« und forderte sie auf, zum Islam überzutreten. Dann übergab bin Ladens Stellvertreter das Wort an den Kalifornier Adam Jehije Gadahn, der selbst zum Islam konvertiert war und sich der Bin-Laden-Gruppe angeschlossen hatte. »Wir laden alle Amerikaner und Ungläubigen ein, zum Islam zu konvertieren«, sagte der 28-jährige Gadahn in fehlerfreiem Englisch. »Ihr wisst, wenn ihr als Ungläubige im Kampf gegen die Muslime sterbt, kommt ihr direkt in die Hölle; die Zeit, die richtige Entscheidung zu treffen, läuft ab ..., entscheidet euch heute, denn heute könnte euer letzter Tag sein.«

Menschen, die ihr Wissen über den Islam aus dem Feuilleton der »Süddeutschen Zeitung«, der »taz« und den Rundschreiben ihrer lokalen AG »Frieden« beziehen, neigen dazu, solche Angebote als Rhetorik abzutun. Die Möglichkeit, dass sie ernst gemeint sein könnten, übertrifft ihre

Vorstellungskraft, weil sie selbst nie auf den Gedanken kämen, ihre Lebensart anderen unter Androhung von Gewalt aufzwingen zu wollen. Im Gegenteil, das Fremde zieht sie an. Sie besuchen Meditationskurse, trainieren Kung Fu, richten ihre Wohnungen nach den Regeln von Feng Shui ein, verachten die Schulmedizin und bekämpfen Schmerzen aller Art mit Akupunktur, und wenn sie am späten Abend nicht zu müde sind, weil sie den ganzen Tag Krombacher Pils gesoffen haben, um den brasilianischen Regenwald zu retten, dann schauen sie sich auf arte noch einen ausländischen Film in der Originalfassung an.

Dass es eine Kultur geben könnte, die sich selbst zum Maß aller Dinge nimmt und das Fremde so schätzt wie die Schlange das Kaninchen, wollen und können sie nicht zur Kenntnis nehmen, weil es ihre Überzeugung gefährden würde, dass man nur lieb und nett zu anderen sein muss, damit die anderen auch lieb und nett zu einem selbst sind.

Deswegen lassen sie den Gedanken, dass es doch einen »clash of civilizations« geben könnte, gar nicht erst zu und bestehen darauf, dass alle Konflikte »im Dialog« gelöst werden können. »Menschenverachtend« ist ihr Lieblingswort, das sie wie einen Kaugummi im Munde führen. Aber sie wenden es nur an, wenn sie sich über die versteckten Kameras bei Lidl aufregen, nicht wenn Ehebrecherinnen im Iran gesteinigt werden. Das finden sie zwar nicht gut, aber sie weisen in diesem Zusammenhang immer darauf hin, dass der Anteil der Frauen an den Hochschulen im Iran größer ist als in den meisten europäischen Ländern.

Und dann ist da noch etwas, das die guten Menschen nicht begreifen mögen: dass es einen Zusammenhang gibt zwischen den Aktivitäten der Al Qaida im Irak, den Aktionen der Taliban in Afghanistan und der Rhetorik des iranischen Präsidenten auf der einen Seite und dem gewaltaffinen Verhalten Jugendlicher mit Migrationshintergrund in Berlin-Neukölln auf der anderen Seite. Klingt abenteuerlich, aber so ist es.

Am 10. Mai berichtete eine Berliner Jugendrichterin im »Tagesspiegel« über die Bemühungen der Berliner Justiz, gewalttätige Jugendliche schneller vors Gericht zu bringen, also den zeitlichen Abstand zwischen Tat und Bestrafung zu verkürzen. In diesem Zusammenhang erzählte sie von einem Fall, »dessen Bearbeitung bis zur Hauptverhandlung leider etwas längere Zeit in Anspruch genommen hat«. Unnötig zu sagen, dass die drei Angeklagten den Tag der Verhandlung in Freiheit abwarten durften.

»Im Oberdeck eines Busses, der durch Kreuzberg fuhr, wurden einige deutschstämmige Frauen von drei türkischstämmigen Jugendlichen beleidigt – und zwar unmotiviert. Die jungen Männer schrieen, man müsse die Deutschen vergasen und deutsche Frauen ›ficken‹. Einer war kurze Zeit darauf auf eine junge Frau losgegangen und hatte sie verletzt. In der Hauptverhandlung zeigte sich, dass dies die geschädigten Frauen erheblich in Mitleidenschaft gezogen hat. Dafür bekam der Haupttäter vier Wochen Dauerarrest. Ein Mittäter muss für zwei Wochen in Arrest, ein Dritter muss einen Arbeitseinsatz verrichten.«

Ein drakonisch hartes Urteil, das wohl darauf zurückzuführen ist, dass die drei türkischstämmigen Jugendlichen die deutschstämmigen Frauen »unmotiviert« angegriffen hatten. Hätten ihnen die Frauen ein Motiv geliefert, wäre die Strafe vermutlich milder ausgefallen. Das Verhalten der Angeklagten während der Verhandlung spielte bei der Strafbemessung fairerweise keine Rolle.

»Einer der Angeklagten, ein türkischstämmiger junger Mann, versuchte in der Verhandlung, die geschädigte Zeugin anzugreifen. Er schrie sie an: ›Dreckskind, ich ficke deine Mutter, ich mach dich fertig!‹ Das ist dann doch ein ungewöhnlicher Vorgang in einem Gerichtssaal. Er war nur deshalb von einer Verletzung der Frau abzuhalten, weil zwei Wachtmeister hinter ihm saßen, die ihn erst einmal gebändigt haben. Die Wachtmeister waren im Raum, weil dem jungen Mann anschließend ein Haftbefehl eröffnet werden sollte, wegen versuchten Totschlags – auch da war eine junge Frau das Opfer.«

Jetzt sitzt der junge Mann in U-Haft, während die Staatsanwaltschaft die Ermittlungen wegen versuchten Totschlags aufgenommen hat. Und wieder steht die Frage nach dem Motiv im Raum.

»In dem speziellen Fall vermute ich, dass er ein Problem mit Frauen hat«, schrieb die Jugendrichterin. »Er wird wohl in dem Totschlagsverfahren psychiatrisch begutachtet werden. Ansonsten ist man als türkischer oder arabischer Heranwachsender im Kiez in der Mehrheit. Da erlaubt man sich gegenüber der Minderheit eher mal so einen Spruch als in Steglitz-Zehlendorf«, wo die

Deutschstämmigen – noch – die Mehrheit stellen. Vor dem Gesetz freilich sind alle gleich, wenn auch mit kleinen Unterschieden: »Der Sachverhalt, um den es ging, hat nach meiner Auffassung eine Besonderheit: Wenn ein türkischer Staatsangehöriger sagt, man müsse die Deutschen vergasen, ist das eine Beleidigung. Wenn ein Deutscher so über Türken redet, ist das eine Volksverhetzung. Die wird härter bestraft und macht sich schlechter im Strafregister.«

Man könnte auch von real existierender Inländerfeindlichkeit sprechen, wenn das nicht wieder ein Begriff wäre, der latent ausländerfeindlich klingt. Jedenfalls macht sich langsam bei der Berliner Justiz eine Erkenntnis breit, die unter Berliner Lehrern schon eine Weile zum erzieherischen Alltag gehört: Bei Auseinandersetzungen zwischen Einheimischen und Migranten sind es meistens die »Schweinefleischfresser«, welche die Arschkarte ziehen. Antworten sie mit gleicher Münze, outen sie sich als Rassisten. Reagieren sie nicht, provozieren sie geradezu weitere Anpöbeleien.

Die taktische Überlegenheit hat auch mit den besseren Vorbildern zu tun. Es sind nicht Michael Ballack, Dieter Bohlen oder Boris Becker, sondern Osama bin Laden, Mahmud Nasrallah und der iranische Präsident, die ihrerseits für die Ausgebeuteten und Unterdrückten in den Kampf ziehen. Sie führen vor, wie man brachiales Benehmen in politisches Kapital verwandeln und mit wenig Aufwand einen überlegenen Gegner in die Defensive drängen kann. So wie Osama bin Laden aus irgendeinem Erdloch mit Satellitentelefon die USA das Fürchten lehrt, so kann jeder »Unterprivilegierte« mit einem Klappmesser einen BVG-Bus terrorisieren. Alles, was er riskiert, sind ein paar Wochen Arrest und den damit verbundenen Imagegewinn in seiner Gang.

Deutschlands Freiheit wird am Hindukusch verteidigt. In Neukölln hat man sie schon aufgegeben.

Toleranz ist der Wille zur Ohnmacht

Im Februar 1999 wurden in Libyen fünf aus Bulgarien stammende Krankenschwestern und ein palästinensischer Arzt unter dem Verdacht festgenommen, in einem Krankenhaus in Bengasi mehr als 400 libysche Kinder absichtlich mit dem Aids-Virus infiziert zu haben. Im Mai 2004 wurden die Schwestern und der Arzt von einem libyschen Gericht zum Tode verurteilt. Das Verfahren wurde international kaum wahrgenommen. Im Dezember 2006 wurde das Urteil von einem Berufungsgericht bestätigt. Zu diesem Zeitpunkt hatten nichtlibysche Aids-Experten den Fall untersucht und dabei festgestellt, dass sich die Kinder tatsächlich infiziert hatten – aufgrund der unsäglichen hygienischen Zustände in dem Krankenhaus und bevor die Angeklagten ihre Tätigkeit aufgenommen hatten.

Damit hätte das Verfahren entweder eingestellt oder neu aufgerollt werden müssen, zumal die Krankenschwestern schon im ersten Prozess ausgesagt hatten, dass ihre Geständnisse unter Folter zustande gekommen waren. Keine Justiz ist vor einem Justizirrtum sicher. In Libyen freilich, das eine Weile die Ehre hatte, den Vorsitz im Menschenrechtsausschuss der UN zu besetzen, gehen Recht und Gerechtigkeit separate Wege, die von der

Staatsräson diktiert werden. Und so wurden die Todesurteile im Juli 2007 vom Obersten Gericht nach einer fünf Minuten langen Sitzung bestätigt. Damit hatte der Skandal eine Dimension erreicht, die seine Verbreitung in Europa ermöglichte.

Alle Augen richteten sich auf den Obersten Justizrat Libyens, ein politisches Gremium, das die Möglichkeit hat, Urteile aufzuheben oder umzuwandeln und dabei auch »humanitäre Aspekte« berücksichtigen kann. Zugleich kam eine andere Option ins Gespräch: die Zahlung von »Blutgeld« an die Familien der infizierten Kinder. Die Frage war nur, wer das Geld – eine Million Dollar pro Kind – aufbringen sollte.

Und wie so oft bei Geschichten, für die sich lange niemand interessiert, tauchten auf einmal aus den Kulissen Statisten auf, um eine Sprechrolle zu übernehmen. Bundesaußenminister Steinmeier äußerte in Berlin seine »Betroffenheit« darüber, dass der »Leidensweg« der Inhaftierten auch nach über sechs Jahren noch kein Ende gefunden habe. EU-Kommissar Franco Frattini erklärte in Brüssel, aus Sicht der EU wären die Verurteilten unschuldig und die Todesstrafe »inakzeptabel«. Der amtierende EU-Ratspräsident José Sócrates reagierte mit »Traurigkeit« auf die Bestätigung der Todesurteile und versicherte, die EU werde sich weiter um eine »Lösung« des Falls bemühen – wozu die EU acht Jahre Zeit gehabt hatte, die sie gelassen verstreichen ließ. Wie in einem US-Krimi, in dem die Hinrichtung eines unschuldig Verurteilten im letzten Moment verhindert werden soll, hatten es alle plötzlich sehr eilig.

Einige freilich nahmen sich dennoch die Zeit, über den Fall an sich nachzudenken und die Frage nach der Verantwortung zu stellen. In einem Kommentar der »taz« hieß es, das Oberste Gericht konnte »gar nicht anders, als das Urteil zu bestätigen, da jede andere Entscheidung ein Eingeständnis früherer Fehler bedeutet hätte«. Damit hatte die »taz« klargestellt, wozu eine Appellationsinstanz da ist: nicht um die Fehlentscheidungen unterer Gerichte zu korrigieren, sondern um sie abzusegnen. Mit derselben Klarheit wurden auch die Verantwortlichen beim Namen genannt. Nicht die libysche Justiz, nicht die libysche Politik, nicht der libysche Staatschef wären schuld an dem Desaster, sondern »die USA und Europa«, die so lange gebraucht hatten, »um sich für die Belange der Inhaftierten einzusetzen«. Dass die »taz« ansonsten die Einmischung in die inneren Angelegenheiten souveräner Staaten, vor allem seitens der USA, als imperialistisches Gehabe und Verletzung des Völkerrechts verurteilt, das stand auf einem ganz anderen Blatt, das im Moment nicht zu finden war.

Vier Tage nachdem das Oberste Gericht geurteilt hatte, wandelte der Oberste Justizrat die Todesurteile in lebenslange Haftstrafen um. Zugleich wurde bekannt, die Angehörigen der infizierten Kinder hätten ihre Forderung nach der Todesstrafe fallen lassen, »nachdem alle unsere Bedingungen erfüllt wurden«. Das heißt, die Familien hatten Entschädigungszahlungen akzeptiert. Nach Angaben der Gaddafi-Stiftung, die von dem ältesten Sohn des libyschen Revolutionsführers, Saif, geführt wird, war das Geld von der EU aus einem »Sonderfonds« zur Verfügung gestellt worden. Die EU-Außenkommissarin Benita Ferrero-Waldner

behauptete dagegen, die EU habe »diese Kompensations-
zahlungen nicht geleistet«, was freilich auch bedeuten
konnte, dass die EU pro forma einen Deal mit der bulgarischen Regierung abgeschlossen hatte, die das Lösegeld,
rund 400 Millionen Dollar, dann an die Libyer überwies.

Und während sich der bulgarische Generalstaatsanwalt
um eine »Überstellung« der Krankenschwestern und des
Arztes nach Bulgarien bemühte, nutzte der Präsident des
Europaparlaments, Hans-Gert Pöttering, die Gelegenheit,
ein paar markige Worte zu Protokoll zu geben: »Das Europäische Parlament wird nicht ruhen, bis wir die Krankenschwestern und den Arzt frei und mit ihren Familien
vereint wissen.«

»Erleichterung über die bezahlte Milde Libyens«, titelte
die »FAZ« am 19. 7. 2007.

Eine knappe Woche später wurden die fünf Schwestern
und der Arzt nach 3085 Tagen aus der Haft entlassen und
an Bord einer französischen Regierungsmaschine nach
Bulgarien ausgeflogen – in Begleitung der EU-Außenkommissarin und der Frau des französischen Präsidenten, Cecilia Sarkozy. Unmittelbar nach der Ankunft in So-
fia, die vom bulgarischen Fernsehen live übertragen
wurde, begnadigte der bulgarische Präsident die fünf
Schwestern und den palästinensischen Arzt, der inzwischen die bulgarische Staatsbürgerschaft bekommen hatte. Frau Ferrero-Waldner und Frau Sarkozy gaben Inter-
views, die bei einem unbefangenen Beobachter den
Eindruck hinterließen, der glückliche Ausgang des Dra-
mas sei auf ihre persönliche Intervention zurückzuführ-
ren. Dass es sich um einen Justizskandal handelte, bei
dem sechs Menschen acht Jahre lang gefangen gehalten

und gefoltert wurden, geriet dabei vollends in den Hintergrund. Auch von den 400 Millionen Dollar Lösegeld, das irgendjemand bezahlt haben musste, war keine Rede mehr. Alle waren happy, am meisten der libysche Staatschef Gaddafi. »EU verkündet ein neues Zeitalter der Beziehungen zu Libyen«, titelte die »Frankfurter Allgemeine Zeitung« am 25. 7. 2007. Die EU habe dem Land eine Normalisierung der Beziehungen und eine »verstärkte Zusammenarbeit in Aussicht« gestellt. Der französische Präsident Sarkozy und sein Außenminister Kouchner machten sich auf den Weg nach Tripolis zu einem Besuch bei Gaddafi, um, so Sarkozy, Libyen zu helfen, »in das Konzert der Nationen zurückzufinden«.

Auch andere Repräsentanten der EU äußerten sich sehr positiv über die Kooperation der libyschen Stellen. Der bulgarische Ministerpräsident kündigte an, man werde Libyen möglicherweise 39 Millionen Euro Schulden erlassen, dies sollte aber nicht als Lösegeldzahlung, sondern als humanitäre Hilfe verstanden werden.

Besonders eilig mit der »humanitären Hilfe« hatte es der französische Präsident. Nur einen Tag nach der Freilassung der sechs BulgarInnen traf er in Tripolis ein und trug sich mit diesen Worten in Gaddafis Gästebuch ein: »Ich bin glücklich, in ihrem Land zu sein, um über die Zukunft zu sprechen.« Libyens Rückkehr in das Konzert der Nationen begann noch am selben Tag mit einem Memorandum, das Sarkozy und Gaddafi gemeinsam unterzeichneten. Sie vereinbarten eine Zusammenarbeit bei der friedlichen Nutzung der Atomenergie. Als Erstes würde Frankreich in Libyen einen Atomreaktor bauen, der Energie zur Meerwasser-Entsalzung liefern sollte, ein Projekt, das man in einem sonnenreichen Land wie Libyen einfacher und günstiger mit einer Solaranlage realisieren könnte. Im Gegenzug sollte Libyen Uran an Frankreich liefern.

Die Freude der Europäer über die Rückkehr der Libyer in das Konzert der Nationen war so überwältigend, dass sich kaum jemand Gedanken darüber machte, wie und zu welchem Preis sie arrangiert worden war. Eine französische Anti-AKW-Initiative kritisierte das »skandalöse Tauschgeschäft« und erinnerte daran, dass Libyen über große Energievorräte verfügt, »von Öl bis hin zu Sonne«.

Etwas aus der Reihe fiel auch eine Analyse, die in der »Welt« zu lesen war. »Acht Jahre lang hat ... Gaddafi die Krankenschwestern und den Arzt als Faustpfand in seinen Kerkern gehalten, um ihr Leben irgendwann zum höchstmöglichen Preis einzutauschen.« Vergessen und vergeben war auch, dass Gaddafi Terrorgruppen in aller Welt alimentiert hatte, dass Libyen hinter dem Anschlag auf den Pan-Am-Jumbo über dem schottischen Lockerbie im Jahre 1988 steckte, bei dem 270 Menschen in der Luft und am Boden ums Leben kamen, dass die Bombe in der vor allem von Amerikanern besuchten Berliner Disko »La Belle« im Jahre 1986 von Gaddafis Agenten deponiert wurde, dass 1989 bei einem von Libyen organisierten Anschlag auf ein Flugzeug der französischen UTA 170 Menschen getötet wurden.

Das alles gehörte der Vergangenheit an, jetzt galt es, den Blick nach vorne zu richten und mithilfe der Atomkraft einen Krieg der Zivilisationen zu verhindern.

»Wer zu sagen wagt, dass die zivile Nutzung der Atomkraft dem nördlichen Ufer des Mittelmeeres vorbehalten bleibt und dass die arabische Welt nicht verantwortungsbewusst genug dafür ist, der demütigt sie und bereitet einen Krieg der Zivilisationen vor«, so rechtfertigte Sarkozy den Milliarden-Deal mit Libyen.

Die Libyer ihrerseits stellten ebenfalls klar, dass sie sich nicht demütigen lassen. Ein Regierungssprecher in Tripolis erklärte, die Begnadigung der fünf Schwestern und des Arztes verstoße gegen ein Abkommen zwischen Libyen und der EU: Libyen habe sie nur unter der Bedingung ausreisen lassen, dass sie die lebenslange Haft in Bulgarien verbüßen.

Anfang August kamen weitere Details der französisch-libyschen Kooperation ans Tageslicht. Eine Tochtergesellschaft des Konzerns EADS, an dem auch die Bundesrepublik beteiligt ist, hatte mit Libyen einen Vertrag über die Lieferung von Panzerabwehrraketen im Wert von 168 Millionen Euro angeschlossen. Ein zweiter Vertrag sei unterschriftsreif, über einen dritten werde verhandelt. Ein Sprecher des Präsidenten sagte, die Informationen könnten stimmen, er sei aber nicht in der Lage, sich zu geschäftlichen Beziehungen von Unternehmen zu äußern. Allerdings wäre in dieser Situation niemand überrascht gewesen, wenn der Präsident erklärt hätte, auch die Lieferung der Panzerabwehrraketen und anderer Waffensysteme diene nur dem Zweck, Libyen in das »Konzert der Nationen« zurückzuholen.

Vier Monate später, und wie es der Kamerad Zufall wollte, ausgerechnet am Internationalen Tag der Menschenrechte, kam Gaddafi zu einem fünftägigen Besuch nach Paris. Was als eine »simple Visite« deklariert war, übertraf an Pomp und Aufwand jeden offiziellen Staatsbesuch. Damit er sich wie daheim fühle, wurde für den Revolutionsführer in der Nähe des Elysée-Palastes ein luxuriöses Beduinen-Zelt aufgebaut; Gaddafi reiste mit einer Entourage von 400 Begleitern an, darunter auch seiner berühmten Amazonen-Leibwache. Und Präsident Sarkozy tat alles, damit der Besuch in einer angenehmen Atmosphäre stattfand, denn am Ende sollten Verträge über Nuklear- und Waffengeschäfte im Wert von drei Milliarden Euro unterschrieben werden, viel Geld auch für die Grande Nation.

Es gab allerdings in Frankreich auch Kritik am Verhalten des Präsidenten, sogar in seiner eigenen Firma. Außenminister Bernard Kouchner weigerte sich, an einem Dinner zu Ehren des Gastes teilzunehmen; die Staatssekretärin für Menschenrechte, Rama Yade, sagte, Frankreich sei »kein Fußabtreter«, an dem Diktatoren ihre dreckigen Schuhe abwischen könnten.

Sarkozy focht das alles nicht an. Hatte er noch als Innenminister randalierende Jugendliche aus den Banlieues als »Gesindel« bezeichnet, begrüßte er nun Gaddafi mit einer Herzlichkeit, die weit über das protokollarisch Notwendige einer »simplen Visite« hinausging. Es machte ihm nichts aus, eine Hand zu drücken, an der das Blut von Menschen klebte, die zur falschen Zeit in einem falschen Flieger gesessen und deswegen die Reise nicht überlebt hatten. Auf den Vorwurf von amnesty international, er sei »voll in der Realpolitik angekommen«, erwiderte der Präsident: »Hätte ich nicht mit Gaddafi gesprochen, wären die bulgarischen Krankenschwestern noch immer im Gefängnis.«

So erlebten die Schwestern und der Arzt gleich zweimal die Ehre, benutzt zu werden, zuerst als Faustpfand von Gaddafi und anschließend als Alibi durch den französischen Präsidenten.

Sarkozys Gaddafi-Nummer war mehr als nur der Ausdruck des Opportunismus von Politikern, die als Regierende alle Ideale verraten, die sie als Oppositionelle gepredigt haben. Es war der klare und überzeugende Beweis, dass es sich bezahlt macht, ein Schurke zu sein, wenn man nur etwas zum Tauschen anbieten kann. Uran gegen Atomkraft, Gefangene gegen Geld.

Der Wille zur Ohnmacht ist in Europa zum Programm geworden, verkleidet als Realpolitik, Reha-Maßnahme oder russisches Roulette.

Wenn die russische Regierung der Lufthansa die Überflugrechte für ihre Cargo-Flüge entzieht, um die Airline zur Aufgabe eines »Hubs« in Kasachstan zu zwingen, dann wird eben so lange »verhandelt«, bis sich die Lufthansa für einen »Hub« in Russland entscheidet. Das hat mit Nötigung nichts zu tun, die Verhältnisse, die sind eben so.

Dabei geht es auch anders, vorausgesetzt, man hat es mit einem Gegenüber zu tun, das schwach und ungefährlich ist, das keine Geiseln nimmt und keine Bomben in 11 000 Meter Höhe zur Explosion bringt. Sagen wir, mit einem leicht exzentrischen Parlamentsabgeordneten, der es sich in den Kopf gesetzt hat, einen Kurzfilm über den Islam zu produzieren.

Am 2. November 2004 wurde der holländische Filmemacher Theo van Gogh, ein Nachfahre des Malers Vincent van Gogh, in Amsterdam auf offener Straße von einem islamischen Fundamentalisten ermordet. Der Täter, 26 Jahre alt, in Holland als Kind marokkanischer Einwanderer geboren und aufgewachsen, schoss von Gogh morgens um neun von seinem Fahrrad, schnitt ihm die Kehle durch und stach mit einem Messer ein Bekennerschreiben in die Brust, in dem er seine Motive für die Tat erklärte, die eigentlich der Politikerin Ayaan Hirsi Ali galt, die aber – anders als van Gogh – rund um die Uhr von der Polizei beschützt wurde. Die Bluttat war auch eine Kriegserklärung an die holländische Gesellschaft, die nach Überzeugung des Attentäters »von den Juden« kontrolliert wurde.

Theo van Gogh und Ayaan Hirsi Ali hatten zusammen einen Kurzfilm (»Submission«) produziert, in dem die schlechte Behandlung von Frauen im Islam an vier authentischen Beispielen vorgeführt wurde. Der Film wurde im Sommer 2004 im holländischen Fernsehen gezeigt, die holländischen Moslems waren darüber nicht glücklich, aber deren Reaktionen fielen weniger heftig als erwartet aus.

Van Gogh hatte sich schon vorher einen Namen als »Provokateur« gemacht, der auf nichts und niemand Rücksicht nahm, ein »enfant terrible« aus Begeisterung und Überzeugung. Er bezeichnete Moslems gerne als »geitenneukers«, Ziegenficker; über tote Juden machte er sich lustig, indem er sie als »kopulierende gelbe Sterne in der Gaskammer« bezeichnete. Auch für christliche Werte und Symbole hatte er wenig übrig.

Mehr noch als der tödliche Anschlag auf den »Populisten« Pim Fortuyn, der 2002 von einem »weißen Holländer« erschossen wurde, beendete der Mord an van Gogh schlagartig den holländischen Traum von einer multikulturellen Gesellschaft, in der jeder nach seiner Fasson ungestört leben konnte. Von einem Tag auf den anderen wurde den Holländern bewusst, dass sie lange ein Problem ignoriert hatten: Über eine Million Migranten, vor allem aus Nordafrika, die sich umso mehr von der Gesellschaft abgrenzten beziehungsweise ausgegrenzt fühlten, je länger sie in Holland lebten.

Bei den Wahlen im November 2006 gewann die »Freiheitspartei« (Partij voor de Vrijheid), die der liberale Politiker Geert Wilders, 45, zwei Jahre zuvor gegründet hatte, neun von 150 Sitzen im Haager Parlament. Ähnlich wie van Gogh geht auch Wilders keinem Krawall aus dem Weg, er ist ebenso beliebt wie umstritten, seine Freunde schätzen seine klaren Aussagen, seine Feinde schimpfen ihn einen »Populisten«, der in den Fußstapfen des ermordeten Pim Fortuyn wandelt. Wilders möchte Holland, das von den linken Gutmenschen »als Geisel« genommen wurde, »dem Volk zurückgeben«, er will, dass der Koran ebenso wie Hitlers »Mein Kampf« in Holland verboten wird, weil das Buch zu Hass und Gewalt anstachelt, und er fordert, Kriminelle mit einer doppelten Staatsangehörigkeit auszubürgern und in ihre Herkunftsländer abzuschieben.

Im Dezember 2007 wurde Wilders zum »Politiker des Jahres« gewählt. Allerdings kommt Wilders selbst nicht dazu, seine Stellung zu genießen. Seit auf islamischen Websites zu seiner Enthauptung aufgerufen wurde, wird er rund um die Uhr bewacht und schläft jeden Tag an einem anderen Ort. Die Polizei nimmt die Morddrohungen ernst, Wilders selbst gibt sich gelassen: »Man gewöhnt sich nicht daran, aber man lernt es, mit der Gefahr zu leben«, sagt er in einem Interview.

Ende November 2007 erklärt Wilders, er arbeite an einem Film, der »den intoleranten und faschistischen Charakter des Koran« zeigen werde. Sprecher des Innen- und des Justizministerium äußern sich daraufhin »besorgt«, betonen aber zugleich, sie hätten keine Mittel, den Abgeordneten von seinem Plan abzubringen oder die Ausstrahlung des Films zu verhindern.

Danach wird in Holland täglich über einen Film diskutiert und spekuliert, den noch niemand gesehen hat und von dem niemand sagen kann, ob es ihn je geben wird. Die Polizei bekommt die Order, Anzeigen gegen den nicht existenten Film auch dann aufzunehmen, wenn eine strafbare Handlung nicht erkennbar ist. Damit soll voreilig beleidigten Moslems die Gelegenheit gegeben werden, Dampf abzulassen.

Wilders nährt die Debatte, indem er ab und zu bekannt gibt, wie weit die Arbeiten gediehen sind. In einem Beitrag für die Zeitung »De Telegraaf« von Ende Januar 2008 kündigt er den Film für März an. Es werde einen geteilten Bildschirm geben, so Wilders, auf der einen Seite werde man Verse und Suren aus dem Koran lesen können, auf der anderen Seite werden Beispiele der praktizierten Scharia zu sehen sein, darunter eine Enthauptung und eine Steinigung. »Wer das schockierend findet, muss nicht mir böse sein, sondern denen, die diese Dinge verursacht haben.« Falls die niederländischen Sender es nicht wagen würden, den Film zu senden, werde er ihn auf YouTube zeigen.

Worauf in Holland eine Panik ausbricht, als stünde eine Jahrhundert-Sturmflut bevor. Die holländische Botschafterin in Malaysia warnt, es könnte bei Protesten »Dutzende Tote« geben. Die holländischen Botschafter in islamischen Ländern werden angewiesen, die Sicherheitsmaßnahmen zu verstärken und sich von dem Wilders-Film zu distanzieren, während Anti-Terror-Spezialisten daheim bereits Vorkehrungen für den Tag der Ausstrahlung treffen. Dazu gehören auch Konsultationen mit Vertretern moslemischer Gemeinden, die mäßigend auf ihre Brüder und Schwestern einwirken sollen. Es trägt wenig zur Beruhigung der Lage bei, dass der Großmufti von Syrien, Dr. Ahmad Badr Al Din Hassoun, in einer Rede vor dem Europaparlament in Straßburg die Holländer auf die Gefahren hinweist, die ihnen und der Welt bevorstünden: »Sollte Wilders in seinem Film einen Koran zerreißen oder verbrennen, bedeutet dies einfach, dass er Kriege und Blutvergießen ankurbelt. Sollte es zu Unruhen, Blutvergießen und Gewalttaten nach der Sendung des Koranfilms kommen, dann wird Wilders verantwortlich sein.«

Für diese Worte wird der syrische Großmufti von den EU-Parlamentariern nicht zurechtgewiesen, sondern als Botschafter des Friedens, der Toleranz und des »interkulturellen Dialogs« gefeiert.

Seine Botschaft jedenfalls kommt an. Anfang März demonstrieren einige Hundert Afghanen in der nordafghanischen Stadt Masar-i-Sharif gegen den Wilders-Film, verbrennen holländische Fahnen und fordern den Abzug holländischer Nato-Einheiten aus Afghanistan. Worauf der Nato-Generalsekretär, Jaap de Hoop Scheffer, seine Besorgnis äußert, die Ausstrahlung des Films könnte »Auswirkungen« für die in Afghanistan stationierten Truppen haben.

Ein paar Tage später bittet der holländische Außenminister die EU um Unterstützung für die holländische Haltung. Man glaube an die Freiheit der Meinungsäußerung, sei aber dagegen, alle Moslems als Extremisten zu porträtieren. Zugleich wird in den Niederlanden der »Terroralarm« auf die zweithöchste Stufe angehoben. Die Regierung von Jan Peter Balkenende appelliert an Wilders, auf die Vorführung des Films zu verzichten. Einerseits, so der Ministerpräsident, müssen „konstitutionelle Freiheiten verteidigt, Extremismus und Terrorismus bekämpft werden«, andererseits »müssen (wir) die Konsequenzen unseres Handelns beachten und dürfen das, was für uns alle wertvoll ist, nicht in Gefahr bringen«.

Wilders Reaktion fällt eindeutig aus. »Das Kabinett geht vor dem Islam in die Knie und kapituliert«, Balkenende sei »ein ängstlicher Mann, der die Seite der Taliban gewählt hat«.

Aber Balkenende tut nur das, was er unter den gegebenen Bedingungen für das Beste hält. Denn inzwischen hat sich nicht nur der Generalsekretär der Nato, sondern auch der stellvertretende iranische Außenminister zu Wort gemeldet, um den Holländern einen Rat zu geben, wie sie Wilders neutralisieren könnten – nämlich mit dem Artikel 29 der Allgemeinen Erklärung der Menschenrechte aus dem Jahre 1948. Darin heißt es, dass individuelle Rechte ihre Grenze dort finden, wo es um den Respekt vor der Freiheit anderer Menschen geht und wo die öffentliche Ordnung es erforderlich macht – so der stellvertretende iranische Außenminister, in dessen Land Homosexuelle öffentlich stranguliert und Ehebrecherinnen gesteinigt werden, ohne dass sich jemand auf die Allgemeine Erklärung der Menschenrechte berufen würde. Auch der iranische Botschafter in den Niederlanden sagt gegenüber einer Gruppe von Journalisten, die Redefreiheit gelte »nicht unbegrenzt«. Auf die Frage angesprochen, ob Holland mit einem Boykott holländischer Produkte rechnen müsse, falls der Wilders-Film gezeigt werde, reagiert der Botschafter zwar ausweichend, aber doch eindeutig. »Alle Optionen liegen auf dem Tisch. Niemand kann sagen, was passieren wird.«

Ähnlich äußert sich der Präsident des Europäischen Parlaments, Hans-Gert Pöttering. Er fordert die Medien auf, sich selbst einen »Verhaltenskodex« zu geben und nichts zu publizieren, was von Angehörigen der Religionen als »herabwürdigend« empfunden werden könnte. Zugleich warnt er davor, nicht »aufgrund unserer Freiheit einen Beitrag zur Gewalt« zu leisten. Diese klare Appeasement-Formel, mit der sich der oberste EU-Parlamentarier nicht an die Verursacher der Gewalt, sondern an deren Objekte richtet, die er zum Wohlverhalten ermahnt, sei, so schreibt die »FAZ«, ein Ergebnis »voreilender Furcht« und klinge »gefährlich nach Selbstzensur«.

Von solchen Fußnoten abgesehen, sind sich die Medien weitgehend einig: Wilders ist ein »Rechtspopulist«, obwohl er weder rechts noch das, was er macht, populär ist; er »hat das Klima vergiftet und eine Atmosphäre der Angst geschaffen – das Gefühl, dass von muslimischer Seite eine Gefahr droht«, sagt in fröhlicher Umkehr von Ursache und Wirkung der Historiker Geert Mak, der schon im Zusammenhang mit dem Mord an Theo van Gogh von einer »moralischen Panik« gesprochen hat. Der Staatsminister Hans van den Broek fordert die Regierung in einem Zeitungsinterview auf, ein gerichtliches Verbot des Film zu erwirken; die Richter sollen entscheiden, was höher zu bewerten sei: die Meinungsfreiheit oder das Staatsinteresse.

Der Einzige, der in diesem Gemisch aus akuter Angst, präventiver Anpassung und aufkeimender Gewalt ruhigen Kopf behält, ist Wilders selbst. Er fordert die holländischen Sender auf, seinen Film komplett und ohne ihn vorher gesehen zu haben auszustrahlen, was diese natürlich ablehnen. Das Internationale Pressezentrum Nieuwspoort in Den Haag erklärt sich bereit, den Film Ende März 2008 im Rahmen einer Pressekonferenz zu zeigen, wenn Wilders die Kosten für den Personen- und Gebäudeschutz übernimmt – ein großzügiges Angebot, das praktisch einer Absage gleichkommt.

Spätestens damit hat der »Provokateur« sein Ziel schon erreicht. Geert Wilders hat die Holländer und die Europäer als Feiglinge vorgeführt, die schon »Hurra, wir kapitulieren!« schreien, noch bevor der Kampf begonnen hat. Die sich in Irans innere Angelegenheiten nicht einmischen wollen, aber keinen Protest erheben, wenn sich der Iran in ihre inneren Angelegenheiten einmischt. Die so tun, als würden sie die Angehörigen aller Religionen vor

Beleidigungen und Schmähungen beschützen wollen, und dabei übersehen, dass es immer nur die Angehörigen einer Religion sind, die gewalttätig reagieren, wenn ihnen vorgehalten wird, dass sie eine Neigung zur Gewalt haben. Die so lange die Meinungsfreiheit und die Freiheit der Kunst verteidigen, wie dies mit keinem wirtschaftlichen Risiko verbunden ist. Die also eine Güterabwägung vornehmen, deren Ergebnis von vorneherein feststeht. Im Zweifel gegen die Freiheit.

Nachdem der Film Ende März schließlich auf einer britischen Website zu sehen war, reagierten die Moslems in Holland »besonnen« (»Welt«), größere Demos blieben aus. Dafür regten sich ein paar Politiker umso mehr auf. Die EU-Ratspräsidentschaft erklärte, Wilders Machwerk diene »keinem anderen Zweck als der Anstachelung zum Hass«, der Europarat in Straßburg sprach von einer »verzerrten Darstellung« des Islam, UN-Generalsekretär Ban Ki Moon nutzte eine kurze Feuerpause in Darfur dazu, sich von dem Film zu distanzieren, und das deutsche Bundeskriminalamt warnte vor den möglichen Folgen. Der Film erhöhe die Terrorgefahr in Deutschland, sagte BKA-Chef Jörg Ziercke.

Im Eifer der Empörung bleibt die Logik auf der Strecke. Wenn vom Islam keine Gefahr ausgeht, wenn es sich bei der Neigung zur Gewalt nur um eine Unterstellung handelt, die den Islam »verzerrt«, wenn nicht der Islam, sondern Wilders das Problem ist, wieso sollte dann der Film die Terrorgefahr erhöhen?

Wilders hatte sich die Freiheit genommen, die Wirklichkeit auf 15 Film-Minuten zu verdichten. Er zeigte nichts, was man nicht schon x-mal gesehen hatte: Explosionen, Menschen, die aus dem brennenden WTC springen, Homosexuelle, die öffentlich aufgehängt werden, Bilder aus Madrid und London nach den Terroranschlägen, die letzten Augenblicke im Leben von Nicolas Berg, der von seinen Entführern vor laufender Kamera enthauptet wurde, Auftritte von Hasspredigern, blutende Flagellanten bei ihren Festen. Dazu zitierte er die passenden Suren aus dem Koran. Das Ganze war kein filmisches Meisterwerk, es war die Antwort auf die Agitprop- und Bekenner-Videos, die man täglich auf Al Dschasira sehen kann, ein »Return to Sender«. Wilders drehte den Spieß einfach um. Harmloser konnte Rache nicht sein.

Doch wie schon zwei Jahre zuvor bei den Mohammed-Karikaturen tauchte sofort die Frage auf, wie weit Meinungsfreiheit gehen darf. In der »taz«, die sonst jedem Terrorversteher die Chance gibt, seine Ansichten darzulegen, erschien ein Kommentar, dessen Verfasser mit einem Unterton des Bedauerns feststellte, Wilders müsse eine Strafverfolgung »nicht fürchten«; woran sich die Forderung anschloss: »Die Meinungsfreiheit muss europaweit enger ausgelegt werden.«

Ein anderer »taz«-Experte für angewandten Multikulturalismus lobte die niederländische Regierung dafür, dass sie sich »klüger verhalten hat als die dänische«, indem sie sich »schon früh von dem Film distanzierte, um nicht selbst mit den Kapriolen ihres berüchtigten Politclowns in Verbindung gebracht zu werden«.

Nicht auszudenken, was die »taz« geschrieben hätte, wenn die deutsche Regierung sich von einem Film (oder was auch immer) distanziert hätte, dessen Veröffentlichung die guten Beziehungen zu Putin oder einem anderen lupenreinen Demokraten gefährden könnte.

Zugleich teilte der niederländische Unternehmerverband mit, er lasse prüfen, ob mögliche Einbußen durch Boykotte bei Wilders oder bei seiner »Partij voor de Vrijheid« geltend gemacht werden könnten.

Damit war die Frage der Meinungsfreiheit auf ihren ökonomischen Kern reduziert.

Vergleicht man die Reaktionen auf den Justiz-Skandal in Libyen und den Gaddafi-Besuch in Paris mit denen auf den Film von Geert Wilders, wird einem sofort das Wesen der europäischen Toleranz klar. Gut ist, was den Gang der Geschäfte nicht stört. Nachdem am 15. Juli der 32-jährige Gaddafi-Sohn Hannibal Gaddafi und seine Ehefrau bei einer Randale in einem Genfer Fünf-Sterne-Hotel festgenommen und zwei Tagen darauf gegen eine hohe Kaution freigelassen wurden, kündigte Libyen die baldige Einstellung seiner Erdöllieferungen in die Schweiz an, das die Hälfte seiner Rohölimporte aus Libyen bezieht. Schweizer Bürger, die sich in Libyen aufhielten, wurden festgesetzt, Schweizer Firmen aufgefordert, ihre Büros in Libyen zu schließen, der libysche Botschafter in Bern bekam die Order, nach Hause zu fahren. Worauf die Schweizer Außenministerin Micheline Calmy-Rey erklärte, *sie* wolle jede Eskalation vermeiden. Eine Delegation des Eidgenössischen Departements für Auswärtige Angelegenheiten (EDA) machte sich auf den Weg nach Tripolis, um die Libyer gütig zu stimmen, obwohl das Departement eine Reisewarnung für Libyen herausgegeben hatte.

Wilhelm Tell legte die Armbrust aus der Hand, ging in die Knie und fing an zu beten. »Allahu Akbar«, flüsterte er, »gedankt sei Dir, Allmächtiger, dass wir keine Bulgaren sind!«

Toleranz heißt: Mengenrabatt für Intensivtäter

Falls Sie ab und zu mit öffentlichen Verkehrsmitteln unterwegs sind, was sich in einer Großstadt nicht vermeiden lässt, werden Sie so eine Situation bestimmt schon erlebt haben. Sie sitzen in der U-Bahn oder S-Bahn und lesen Zeitung. Nicht unbedingt die handliche »BZ« oder den dünnen »Berliner Kurier«, nein, Sie lesen die »FAZ«. Es ist schon spät und die U-Bahn oder S-Bahn ist ziemlich leer. An einer Haltestelle steigt ein junger Mann zu, dessen Gesicht nicht zu erkennen ist, weil er eine jener beliebten Kapuzenjacken trägt, die zur Grundausstattung sozial benachteiligter Jugendlicher gehören. Der junge Mann setzt sich hinter Sie. Sie glauben, dass Sie seinen Blick im Nacken spüren, es könnte aber auch eine Schweißperle sein, die sich unter ihrem Hemdkragen gebildet hat. Sie drehen sich vorsichtig um – der junge Mann ist weg. Sie blicken wieder nach vorn, jetzt sitzt er direkt vor ihnen, breitbeinig und der Körperhaltung nach zu urteilen: irgendwie fordernd. Er schaut Sie an. Sie überlegen, ob sie Ihr Handy aus der Tasche nehmen und ihren »personal trainer« anrufen sollen, da fällt Ihnen ein, was Sie im Aggressions-Kontroll-Kurs gelernt haben: Nur keine Schwäche zeigen. Sie schlucken den Frosch im Hals runter und sagen mit fester Stimme: »Was willst denn du von mir?« Kaum haben Sie den Satz ausgesprochen, möchten Sie ihn wieder einfangen, es war sicher falsch, den jungen Mann zu duzen, er könnte das als Anmache verstehen. Ein cooles »Ist was, Alter?« wäre sicher besser gewesen.

Aber der junge Mann reagiert ganz anders, als Sie es erwartet haben. Er lächelt Sie an und sagt: »Wenn Sie so fragen: den Wirtschaftsteil.«

Sie wissen nicht, wohin Sie vor Verlegenheit schauen sollen, Sie schämen sich ob Ihrer Vorurteile und geben dem Kapuzenträger den Wirtschaftsteil der »FAZ«, der an diesem Tag mit einer Geschichte über Solarstrom-Subventionen aufmacht, ein Thema, für das sich der junge Mann ganz besonders interessiert.

Und aus dem Hintergrund hören Sie eine Stimme. Sie sagt: »Es steckt mehr in ihnen als wir glauben. Achten statt ächten.«

Denn Sie sitzen nicht in der U-Bahn oder S-Bahn, sondern in einem Kino, und Sie sehen einen 40 Sekunden langen Werbespot, mit dem die Caritas um Verständnis »für benachteiligte Jugendliche« wirbt, was wohl konkret heißen soll: solche, die sich kein eigenes »FAZ«-Abo leisten können.

Die Spots der Caritas-Initiative »Achten statt ächten« waren auch im Fernsehen zu sehen. Es ist nicht überliefert, ob nach der Ausstrahlung die Zahl der Übergriffe Jugendlicher auf U- und S-Bahnpassagiere zurückgegangen ist oder die Verkaufszahlen der »FAZ« zugenommen haben, weil immer mehr, vor allem ältere, U- und S-Bahn-Benutzer sich mit einer »FAZ« bewaffnen, bevor Sie ein Senioren-Tages-Ticket am Automaten ziehen.

Was dagegen feststeht, ist die Tatsache, dass die Gerichte eine schier unvorstellbare Milde an den Tag legen, wenn sie es mit jugendlichen Gewalttätern zu tun haben, denen sie die Rückkehr in die bürgerliche Gesellschaft durch Strafmaßnahmen nicht verbauen wollen. Der Mengenrabatt, den Intensivtäter bekommen, hat durchaus eine erzieherische Funktion; wenn zehn Straftaten nicht wesentlich härter bestraft werden als fünf, dann wird auch der letzte Schulabbrecher begreifen, dass Leistung sich in jedem Fall bezahlt macht.

In Köln wurde Ende Mai dieses Jahres ein 18 Jahre junger Mann, der als 17-Jähriger einen 44 Jahre alten Kölner beim Streit um die Benutzung einer Telefonzelle ins Koma geschlagen hatte, wegen schwerer Körperverletzung angeklagt. Zu diesem Zeitpunkt war er der Justiz schon als »Intensivtäter« bekannt. Nur eine Woche zuvor hatte er wegen Raubes vor einem Richter gestanden, der ihm eine Strafe nicht zumuten wollte. Auch das folgende Verfahren wegen schwerer Körperverletzung ging glücklich aus. Das Gericht beließ es bei einer Schuldfeststellung und verzichtete auf eine Bestrafung. »Keine Bewährungsstrafe, keine Geldstrafe, keine Sozialstunden oder sonstige Sanktionen«, notierte der Kölner Stadt-Anzeiger mit einem Anflug von Verwunderung. Der Angeklagte, so ein Sprecher des Gerichts, habe »die Provokation nicht gesucht, sondern so, wie es im Milieu üblich ist, adäquat gehandelt«; er bekam die Auflage, regelmäßig Kontakt zu seinem Bewährungshelfer zu halten und ein Anti-Aggressions-Training zu absolvieren. Das Gericht war überzeugt, dass er »auf dem richtigen Weg ins bürgerliche Milieu« ist, eine Hoffnung, die durch den Umstand verstärkt wurde, dass seine »Verlobte« ein Kind von ihm erwartete.

In einem Prozess gegen einen 23-jährigen arbeitslosen Deutschen mit Migrationshintergrund, der in einem bürgerlichen Frankfurter Viertel auf offener Straße einen Rabbiner niedergestochen hatte, wurde die ursprüngliche Anklage wegen versuchten Totschlags fallen gelassen und nur noch wegen Körperverletzung verhandelt, obwohl der Täter »mit einer derartigen Schnelligkeit, Professionalität und Wucht« handelte, dass die nur 7,5 Zentimeter lange Klinge 18 Zentimeter tief in den unteren Bauchbereich des Opfers eingedrungen war. Dennoch war das Gericht der Meinung, dass eine Tötungsabsicht nicht vorlag, weil der Angeklagte nur einmal zugestochen hatte und dann weggelaufen war.

»Haben Sie das Messer aktiv auf ihn zugeführt oder lief er rein?«, wollte der Vorsitzende Richter wissen. Dass der Messerstecher seinem Opfer »Scheißjude« oder »was Ähnliches« zugerufen hatte, wurde vom Gericht nicht als Ausdruck einer antisemitischen Haltung gewertet.

Nach seiner Verurteilung zu dreieinhalb Jahren wegen gefährlicher Körperverletzung und Bedrohung konnte der Angeklagte das Gericht als freier Mann verlassen, um sich in aller Ruhe zu überlegen, ob er Berufung einlegen oder einfach die Rechtskraft des Urteils abwarten möchte.

Auch der Rabbiner konnte von Glück sprechen. Erstens war er mit dem Leben davongekommen, zweitens musste er sich als Nebenkläger nur gegen den Vorwurf verteidigen, die Messerattacke durch seine Körperfülle herausgefordert zu haben, die der Messerstecher als bedrohlich empfand.

Wesentlich schlechter erging es einem Rentner, der von zwei Jugendlichen in einem Münchener U-Bahnhof zusammengeschlagen wurde, nachdem er sie aufgefordert hatte, das Rauchen einzustellen. Während der Rentner in Lebensgefahr schwebte, analysierte der Feuilleton-Chef der Zeit, Jens Jessen, die »Atmosphäre der Intoleranz« in deutschen U-Bahnen. In einem Fünf-Minuten-Video-Blog für die »Zeit« stellte er die Frage: »Bauschen besserwisserische Rentner die Debatte um kriminelle Jugendliche auf?« und beantwortete sie mit einem klaren: »Und wie!«

Wir sehen einen sympathisch wirkenden Herrn mittleren Alters, der so aussieht, wie wir uns einen werktätigen Intellektuellen vorstellen: Cordanzug, offener Hemdkragen, hinter ihm kreatives Chaos im Raum, an der Wand ein Bild von Lenin, der erhobenen Hauptes in die Zukunft schaut.

Jessen fängt sein Statement mit einem Bekenntnis an: »Ja, also ich muss gestehen, ich stehe immer noch im Banne jener politischen Aussagen über kriminelle ausländische Jugendliche, die, wie ich finde, ganz entschieden die Grenze zum offenen Ressentiment, wenn nicht versteckten Rassismus überschritten haben. Den Ausgang nahmen sie, wie Sie sich sicher alle erinnern, von einem schrecklichen Überfall, Zusammenstoß in der Münchener U-Bahn, wo ein älterer deutscher Mitbürger, um mal die Sprache der Politiker weiter zu benutzen, zum Opfer ausländischer Jugendlicher fiel, und damals, kurz danach, hat dann der hessische Ministerpräsident die Frage gestellt, ob es nicht zu viele kriminelle ausländische Jugendliche in Deutschland gäbe. Nun, das ist eine sehr merkwürdige Formulierung, die, wie ich finde, noch nicht annähernd auskommentiert ist.«

Womit Jessen sicher recht hat. Die Frage von Roland Koch war in der Tat falsch gestellt: Er hätte fragen müssen, ob es in Deutschland nicht zu viele Feuilletonisten gibt, die wie Jens Jessen nicht in der Lage sind, den Zusammenhang von Ursache und Wirkung, Aktion und Reaktion zu erkennen.

»Was heißt eigentlich zu viele?«, fährt Jessen fort, »ist nicht eigentlich streng genommen jeder Kriminelle einer zu viel? Aber was soll dann der Bezug auf das Ausländische? Will er sagen, dass im Verhältnis zu kriminellen Deutschen es zu viele ausländische Kriminelle gibt, dass es also eigentlich, wenn der Proporz gewahrt bleiben soll, mehr deutsche kriminelle Jugendliche geben sollte?«

Eine Frage, mit der Jessen in der Ressortleiter-Konferenz der »Zeit« eine Grundsatzdebatte auslösen könnte. Aber es geht ihm nicht um den Proporz zwischen deutschen und ausländischen Kriminellen, das war nur ein Scherz zum Aufwärmen.

»Denn interessanterweise wurde ja nicht gesagt, es gäbe zu viele deutsche Opfer ausländischer Kriminalität, das hätte man auch im Ernst nicht sagen können, denn ganz entschieden gibt es natürlich viel mehr ausländische Opfer deutscher Kriminalität, und ich glaube, ich muss nicht mehr als die Stichworte Solingen, Rostock-Lichtenhagen, Hoyerswerda oder Guben ... Es ist eine eigentümliche Stimmung entstanden, es ist so, als wären wir eine friedliche Gesellschaft, in der Ausländer, namentlich Jugendliche, stören. Aber wenn wir einmal den Blick umdrehen, nur versuchsweise ... dann muss man sich doch fragen, in welcher Atmosphäre wachsen eigentlich ausländische Jugendliche auf? Zumal wenn sie keine Berufs- oder eine andere soziale Perspektive haben?«

Diese Frage wäre einfach zu beantworten. Umgeben von Sozialarbeitern, Bewährungshelfern und Integrationsbeauftragten, die den Jugendlichen zuerst einreden, dass sie diskriminiert werden, um ihnen dann als Reha-Maßnahme eine Ausbildung zum Rapper zu ermöglichen. Aber Jessen gibt eine andere Antwort: »In einer Atmosphäre ständiger Gängelei.« Der Rentner in der Münchner U-Bahn, »der sich das Rauchen in der U-Bahn verbeten und damit den Auslöser gegeben hat zu einer zweifellos nicht entschuldigbaren Tat«, er war nur das letzte Glied in einer unendlich langen Kette von »Gängelungen, blöden Ermahnungen, Anquatschungen, die der Ausländer und namentlich der Jugendliche hier ständig zu erleiden hat. Und nicht nur der Ausländer. Letztlich zeigt der deutsche Spießer ... doch überall sein fürchterliches Gesicht«.

Dann berichtet Jessen von einem »sehr merkwürdigen Vorgang« in der Hamburger U-Bahn. »Zwei Betrunkene, die sehr laut Klamauk gemacht hatten, sie haben gelärmt und gesungen, nichts Böses gemacht und niemand bedroht. Und was geschah? Irgendeine bösartig durchgeknallte Rentnerin stand auf und zog den Nothaltgriff... Dann wurden diese vollkommen harmlosen Betrunkenen abgeführt.«

Schlimmeres ist in Deutschland seit dem erzwungenen Rücktritt von Willy Brandt nicht passiert. Für Jessen ist das »die Atmosphäre der Intoleranz, vor deren Hintergrund man Gewalttaten spontaner Natur beachten muss«.

Aber das ist noch nicht alles. »Die Pointe ist, dass die Jugendlichen in der Münchener U-Bahn eben gar keine Spontantäter in dem Sinne waren, dass sie aufgrund einer situativen Gereiztheit reagiert haben, sondern einige davon waren gewohnheitsmäßige Gewalttäter, mit anderen Worten, etwas, das es immer gibt. Und was gar nicht symptomatisch und schon gar nicht für Ausländer ist. Trotzdem ist es hochgerechnet worden, und ich würde gerne dagegen dann tatsächlich die Frage stellen, ob es nicht zu viele besserwisserische deutsche Rentner gibt, die den Ausländern hier das Leben zur Hölle machen. Und vielen anderen Deutschen auch. Mit anderen Worten: Ich glaube, die deutsche Gesellschaft hat nicht so sehr ein Problem mit ausländischer Kriminalität, sondern mit einheimischer Intoleranz.«

Der Gedanke wäre nicht ganz absurd, wenn Jessen unter »Intoleranz« nicht das verstehen würde, was eine intakte Gesellschaft ausmacht: die Festlegung und Durchsetzung von Grenzen, ohne die ein Zusammenleben unmöglich ist. Auch sonst ist Jessens Vorstellung von einer toleranten Gesellschaft, in der sich jeder nach Belieben besaufen und hinterher randalieren darf, von einer erbärmlichen Schlichtheit.

Denn auch der deutsche Spießer, den Jessen zum Kern des Problems erklärt, ist nicht mehr das, was er einmal war. Er schaut sich gerne japanische Spielfilme in der Originalfassung an, hört Klezmer-Musik, hat die »Zeit« abonniert, ohne sie unbedingt zu lesen, kennt den Unterschied zwischen Mortadella und Mozzarella und geriert sich beim Essen und Shoppen durchaus multikulturell. Was ihn vollends zum Spießer macht, ist sein Hochmut gegenüber jenen, die er dafür hält: die Ballermann-Urlauber, Sandalenträger und McDonalds-Besucher.

Und so ist es nicht der klassische Spießer, der »überall sein fürchterliches Gesicht zeigt«, sondern der chronisch tolerante Bildungsbürger, der für jede Untat so lange Verständnis äußert, wie sie nicht unmittelbar vor seiner Haustür passiert. Vollends auf die »Ausländerfeindlichkeit« fixiert, will er nicht wahrhaben, dass es inzwischen auch eine »Inländerfeindlichkeit« gibt. Und nicht nur »Mitbürger mit Migrationshintergrund«, sondern auch »Migranten mit kriminellem Hintergrund«. Stellt man ihm die Frage, warum es bei Migranten mit primär asiatischem Hintergrund nicht die gleichen Probleme wie bei Migranten mit arabischem beziehungsweise muslimischem Hintergrund gibt, schreit er gleich »Rassismus«, obwohl es nicht um Rasse, sondern um Kultur und Erziehung geht, die sich im täglichen Verhalten niederschlagen.

In Jessens Fall dürfte die organische Erklärung für sein Plädoyer gegen einheimische Intoleranz und besserwisserische Rentner mit seiner persönlichen Passion zu tun haben: Er ist ein starker Raucher, und deswegen schlägt sein Herz für nikotinabhängige Jugendliche stärker als für querulierende Senioren. Und wenn der Senior, der eins auf die Mütze bekam, weil er es gewagt hatte, zwei Jugendliche mit Migrationshintergrund auf das Rauchverbot in der U-Bahn hinzuweisen, nicht nur Nichtraucher, sondern auch pensionierter Lehrer ist, dann will die »taz« es ganz genau wissen und unterzieht die Vergangenheit des Opfers einer strengen Prüfung. Einen Tag, bevor die beiden Schläger zu zwölf beziehungsweise zu achteinhalb Jahren wegen Mordversuchs verurteilt wurden, enthüllte der Kinderstürmer aus Kreuzberg, dass der ehemalige Realschulrektor ein autoritär-konservativer Knochen war. Ein inzwischen 35 Jahre alter Musiker erinnerte sich »im Gespräch mit der ›taz‹ an einen herrischen Mann, der die Konfrontation suchte«, indem er seine Schüler mit schlechter Musik quälte: »Mittwochs gegen 14 Uhr war Blasmusikprobe. Herr N. hat da gerne vorbeigeschaut, und wir mussten dann immer alles unterbrechen und die ›Sternpolka‹ anstimmen. Das war, als ob ein Feldmarschall zur Tür reinkommt.«

Das allein rechtfertigt natürlich keinen Überfall mit anschließender Schädelfraktur, aber es gibt dem Leser doch zu verstehen, dass es nicht unbedingt einen ganz Unschuldigen erwischt hat. Ein herrischer Mann, der die Konfrontation suchte, ist eben eines Tages an die Falschen geraten. Erschwerend kommt hinzu, dass er »trotz wiederholter Versuche« nicht bereit war, mit der »taz« zu reden, während er in der »Bild«-Zeitung schon vor Prozessbeginn »die Abschiebung der Täter« gefordert und in der »Süddeutschen Zeitung« gesagt hatte: »Nicht einmal Jesus könnte das verzeihen!« So viel Intoleranz schreit geradezu nach einer Abmahnung.

In Mönchengladbach, einer Kleinstadt zwischen Düsseldorf und der holländischen Grenze, erschoss am 9. März 2007 der Türke Erol P. auf offener Straße seine Frau und seine Tochter – unmittelbar nach einem Sorgerechtstermin vor dem Familiengericht. Er konnte es nicht verkraften, dass seine Frau, eine »Importbraut«, die er 15 Jahre lang tyrannisiert und misshandelt hatte, ihn verlassen und das Sorgerecht für die Kinder haben wollte. Gegen Erol P. lag ein Haftbefehl wegen Nötigung und Vergewaltigung vor, der aus ungeklärten Gründen nicht vollstreckt wurde, nicht einmal dann, als die Anwältin der Ehefrau das Gericht im Termin auf diesen Umstand hingewiesen hatte. Nachdem Erol P. zu lebenslanger Haft verurteilt wurde, schrieb Anwältin Gülsen Celebi ein Buch über den Fall, eine Anklageschrift gegen den laschen und toleranten Umgang der Justiz mit einem Gewalttäter: »Kein Schutz, nirgends – Warum die deutsche Justiz den Ehrenmord an Rukiye P. nicht verhindert hat«. Womit die Anwältin nicht gerechnet hatte: Eine Schwester der Ermordeten, die sich von ihr bereitwillig interviewen ließ, fühlte sich nach dem Erscheinen in ihrer Intimsphäre verletzt und beantragte eine einstweilige Verfügung gegen das Buch. Wie in Deutschland inzwischen üblich, gab das Landgericht dem Persönlichkeitsschutz vor dem Recht auf Meinungs- und Informationsfreiheit den Vorzug und der einstweiligen Verfügung statt.

Damit nicht genug: Weil die in ihrer Intimsphäre verletzte Schwester der Ermordeten ein Totalverbot des Buches gefordert hatte, was rechtlich nicht zulässig und praktisch nicht machbar ist, leisteten die Richter ein wenig Amtshilfe und markierten von sich aus die Stellen im Buch, die sie anschließend im Wege einer einstweiligen Verfügung verboten. Den Vorwurf des Verlagsanwalts, sie hätten sich den Antrag »zurechtgeschnitzt«, wies ein Gerichtssprecher mit der hanebüchenen Begründung zurück, dies sei ein »ganz normaler juristischer Vorgang«, vergleichbar »mit einer Handwerkerrechnung, an der noch Posten geändert werden müssen«. Und: »Hätten die Richter diese Änderungen nicht vorgenommen, dann hätte das Gericht den Antrag abweisen müssen.« Stimmt, genau das hätten die Richter tun müssen: den Antrag abweisen und es der Antragstellerin überlassen, einen neuen zu formulieren.

Eine »Schutzschrift« des Verlages gegen die einstweilige Verfügung, rechtzeitig eingereicht, landete an der falschen Stelle, was der Gerichtssprecher mit »reinem Zufall« erklärte. So stand einem Verbot des Buches nichts im Wege. Wer es nun wagen würde, von einem inkompetenten und befangenen Gericht zu sprechen, müsste mit einem Verfahren wegen übler Nachrede rechnen.

Natürlich geht es auch anders, gibt es Fälle, in denen die Justiz keine Gnade und keine Toleranz kennt. In Thüringen ermittelt die Staatsanwaltschaft gegen eine Künstlerin, die einen Frosch mit Harz konserviert und zu einem Kettenanhänger verarbeitet hat. Ihr wird ein Verstoß gegen das Tierschutzgesetz vorgeworfen, es sei denn, sie kann nachweisen, dass der Frosch schon tot war, als sie ihn im Keller ihres Hauses fand. Denn im Gegensatz zu einer »Importbraut« hat auch ein Frosch eine Ehre, die respektiert werden muss.

Toleranz ist: alles hören, alles sehen
und nichts tun

»Es gibt genauso wenig ›den Islam‹, wie es ›das Christentum‹ oder ›das Judentum‹ gibt. Es gibt stattdessen verschiedene Menschen in verschiedenen Gesellschaften, die unterschiedliche Richtungen, Traditionen und Ausprägungen ihrer Religion leben oder praktizieren. Es mag sein, dass die dominante Ausprägung des Islams in einigen Ländern mit unserem Verständnis von Demokratie und Menschenrechten nicht vereinbar ist. Dies ist ein Problem, dem man sich stellen muss. Daraus jedoch zu schließen, dass dies grundsätzlich so sein müsse, ist nicht nur dumm, sondern gefährlich. Es ist dumm, da sich diese Sichtweise durch eine extreme Geschichtsblindheit auszeichnet. Auch das Christentum hat sich über weite Phasen der Geschichte als eine Religion gezeigt, die mit unserem heutigen Verständnis von Demokratie, Menschenrechten sowie der Gleichstellung von Mann und Frau nicht vereinbar ist. Und noch heute gibt es radikale christliche Gruppen, bei denen diese Tendenz zu beobachten ist. Eine solche Haltung ist zudem gefährlich, da sie selbst dazu beiträgt, dass die postulierte Unvereinbarkeit verschiedener Religionen und Kulturen tatsächlich Realität wird und damit das friedliche Zusammenleben auf der Basis gemeinsamer freiheitlich-demokratischer Werte unmöglich wird.«

Keine Angst, dieser Text stammt nicht von mir. Auch nicht von Friedrich Schorlemmer, Franz Alt, Konstantin Wecker, Claudia Roth, Horst-Eberhard Richter, Christian Ströbele, Reinhard Mey, Heiner Geißler, Kofi Annan oder Jürgen Fliege. Aber würde jemals ein »Manifest der Gutmenschen« geschrieben werden, er würde sich hervorragend als Präambel eignen. Verfasst hat ihn Sebastian Edathy, SPD-MdB und Vorsitzender des Innenpolitischen Ausschusses des Bundestages.

In wenigen Sätzen fasst Edathy alles zusammen, woran Gutmenschen glauben. Dass es »den Islam« nicht gibt, sondern nur »verschiedene Menschen in verschiedenen Gesellschaften«, die unterschiedlich leben, und dass es auch im heutigen Christentum noch »radikale Gruppen« gibt, die sich mit Demokratie, Menschenrechten sowie der Gleichstellung von Mann und Frau schwertun. Es fehlt auch nicht der Hinweis auf die grausame Geschichte des Christentums, der vor allem dazu dient, die grausame Gegenwart des Islam zu relativieren. Zwar liegt der letzte Kreuzzug schon so lange zurück, dass sich kaum noch ein Teilnehmer an ihn erinnern kann, während der letzte Ehrenmord gerade gestern passiert ist; zwar fand die letzte Hinrichtung einer »Hexe« in Europa vor über 200 Jahren im Großherzogtum Posen statt, während Ehebrecherinnen im Iran noch heute gesteinigt werden, zwar kann heute jeder Christ ungehindert zum Islam übertreten und anschließend den »Dschihad« predigen, während Moslems, die sich aus ihrem Glauben verabschieden, damit ihr Leben riskieren. Zwar kommt es recht selten vor, dass gläubige Christen beziehungsweise Juden Flugzeuge entführen oder voll besetzte Busse in die Luft sprengen, um die Welt auf das Unrecht, das ihnen widerfahren ist, aufmerksam zu machen. Dennoch ist es »gefährlich«, meint Edathy, von einer »Unvereinbarkeit« verschiedener Religionen und Kulturen zu sprechen, nicht weil einige Religionen und Kulturen gefährlicher sind als andere, sondern weil damit das »friedliche Zusammenleben auf der Basis gemeinsamer freiheitlich demokratischer Grundwerte« erschwert wird. Was aber, wenn die eine oder andere Religion beziehungsweise Kultur auf das friedliche Zusammenleben pfeift und ihre ganz speziellen Werte mit Gewalt durchzusetzen versucht, sobald sie die dazu notwendige Masse erreicht hat?

Rein theoretisch liegt Edathy mit seiner Feststellung, dass es »den« Islam ebenso wenig gibt wie »das Christentum« oder »das Judentum«, natürlich richtig. Rein theoretisch gibt es auch weder »den« Kapitalismus noch »den« Kommunismus, wie die vielen Abstufungen vom »Eurokommunismus« bis zum »Sozialismus mit menschlichem Antlitz« beweisen. Man kann einen Begriff oder eine Idee aber auch so lange »ausdifferenzieren«, bis am Ende nur die Einsicht übrig bleibt, dass alles relativ, vergänglich und triebgesteuert ist. Trotzdem würde niemand so weit gehen, Stalin die Absolution zu erteilen, nur weil der KPI-Bürgermeister von Brescello, Peppone, sich so gut mit Don Camillo, dem Dorfpfarrer, verstanden hat.

Natürlich gibt es auch im Christentum und Judentum Menschen, mit denen man nicht einmal ein Abteil im Regionalexpress von Köln nach Bonn teilen möchte. Es gibt aber auch eine Bereitschaft zur Selbstkritik – und gelegentlich sogar Selbsthass –, die man im Islam nicht findet. Was im Christen- und Judentum heute marginal ist, der religiös motivierte Fanatismus der Tat, das ist im Islam noch immer Mainstream. Das Wort von Osama bin Laden: »Ihr liebt das Leben, wir lieben den Tod« steht nicht nur auf den Visitenkarten der führenden Al-Qaida-Funktionäre. Auf die Idee, »Schwerter zu Pflugscharen« zu verarbeiten, konnten nur christliche Theologen kommen.

Über diesen Abgrund führt keine Brücke, kein Dialog der Kulturen und kein Maßnahmekatalog zur erzwungenen Integration. Ihn zu leugnen, um die Fiktion von der Gleichwertigkeit der Kulturen und Religionen weiter pflegen zu können, das schaffen nur Somnambule am hellen Tag.

Zum Konzept der Toleranzgesellschaft gehört neben dem ständigen Rekurs auf die eigenen Verbrechen, von der Inquisition bis zur Massentierhaltung, auch die Verwechslung von Ursache und Wirkung und der ständige Rollentausch von Tätern und Opfern – von Mohammed Atta und seinen Jungs bis zu den Schlägern in der Münchener U-Bahn, die von einem »besserwisserischen Rentner« provoziert wurden. Die Toleranzgesellschaft leistet sich solche Mätzchen, so wie sie sich Abenteuerreisen zu den Kopfjägern auf Borneo und Bauchtanzkurse in Duisburg-Meiderich leistet. Man gönnt sich ja sonst nix. Die Exerzitien haben nichts mehr mit der Wirklichkeit zu tun, sie schaffen sich eine eigene Realität, so wie Astrophysiker eine Welt aus Antimaterie konzipieren.

Bei einer Diskussion in der Grazer Universität, bei der es um die »Islamisierung Europas« ging, bestritt der ehemalige Rektor der Hochschule, ein Ökonom, der mit Zahlen und Statistiken vertraut ist, dass es so etwas auch nur ansatzweise geben würde. Das sei doch alles nur islamophobe Propaganda!

Ich zählte eine Reihe von Beispielen auf, die ich für besonders anschaulich und beweiskräftig hielt. Schließlich zog ich meinen Joker aus der Tasche: In London sei »Mohammed« der beliebteste Vorname für männliche Neugeborene, er habe den klassischen »Jack« überholt.

Das habe doch nichts mit Islamisierung zu tun, gab der ehemalige Rektor zurück, man wisse doch nicht, ob alle Eltern, die sich für »Mohammed« entschieden haben, Muslime seien. Ich versprach, ihn eine Woche nach Blakkpool einzuladen, falls er eine einzige christliche Familie findet, die ihren Sohn auf den Namen »Mohammed« tauft. Es blieb bei dem Angebot.

Der Hamburger Schriftsteller Peter Schütt, promovierter Germanist und Mitbegründer der Deutschen Kommunistischen Partei, konvertierte 1991 zum Islam, nachdem er mehr als ein »halbes Leben lang auf der Suche nach der wahren Religion gewesen« war. Er werde »diese Suche, so Gott will, bis zu meinem Lebensende und vermutlich auch darüber hinaus fortsetzen«.

Die »Faszination für den Islam« begann schon in seiner »frühen Kindheit«; unter den siegreichen Briten, die im Dorfgasthof einquartiert waren, zogen ihn die einen »Turban tragenden« indisch-muslimischen Soldaten »nahezu magisch« an. Später, in der Zeit der Studentenbewegung, war der Islam »zuallererst eine Befreiungstheologie für die Völker der Dritten Welt«. Bei den Teach-Ins ging es immer wieder um die Frage, »ob die Revolution oder der Islam den Iran und andere Entwicklungsländer aus dem Elend erlösen sollten«.

Zuerst aber landete Schütt »in der moskautreuen DKP«, während andere 68er schon damals den Weg zum richtigen Glauben fanden, darunter der Leiter des Frankfurter Club Voltaire, Paul Gerhard Hübsch, »der sich fortan Hadayatullah nannte und es bis zum Imam der Ahmadiyya-Bewegung gebracht hat«.

Auch Schütt machte Karriere – auf seine Art. »Als Mitglied der DKP und ihres Parteivorstandes« besuchte er den Mufti von Taschkent, den höchsten Repräsentanten des Islam in der SU, und »lauschte ergriffen seinen hehren Bekundungen zur muslimischen Ethik«, ohne zu merken, dass der Mufti ein Mitarbeiter des KGB war.

In seinem Buch »Ab nach Sibirien« beschrieb er, »wie prächtig sich Islam und Kommunismus im sowjetisch beherrschten Mittelasien ergänzten«, auf einer Konferenz in Hamburg lernte er Annemarie Schimmel kennen, bei der er sich fortan immer wieder Rat holte.

1987 wurde er als »Islamsuchender« in den Iran eingeladen; was ihm von dieser Reise in Erinnerung blieb, ist der »Blutbrunnen« auf dem Märtyrerfriedhof, bei dessen Anblick Schütt »beinah in Ohnmacht gefallen wäre«. Sonst stieß ihm nichts auf.

Dann dauerte es noch vier Jahre, bis er 1991 »endgültig« das moslemische Glaubensbekenntnis ablegen konnte, »nicht wegen, sondern trotz Khomeini«.

Die Begründung erinnert an die Bekenntnisse der zum Kommunismus konvertierten Intellektuellen in den dreißiger Jahren, die nicht wegen, sondern trotz Stalin gläubige Kommunisten wurden. Schütt, ein gebildeter und freundlicher Zeitgenosse, ist nicht nur der Prototyp des Konvertiten, der einen Glauben beziehungsweise einen Aberglauben gegen einen anderen austauscht, er gehört auch zu jenen, die von der Überlegenheit des Islam auf die gleiche brutal-naive Weise schwärmen, wie sie früher von der Überlegenheit des Kommunismus in der Sowjetunion geschwärmt haben. Und wie die Freunde der Sowjetunion sich von den Schauprozessen und anderen Kleinigkeiten im real existierenden Kommunismus nicht irritieren ließen, lassen sich die Neu-Moslems von den Zuständen in Afghanistan, Pakistan, im Iran und anderen Hochburgen ihres Glaubens die gute Laune nicht verderben.

Schütt veröffentlichte seinen Aufsatz »Wie ich zum Islam gekommen bin« im September 2007. Man findet darin kein Wort über die Taliban in Afghanistan, die Moralwächter im Iran und die Selbstmordattentäter im Irak. Schütts Islam ist eine Moschee an der Hamburger Außenalster, ein Hort der Vielfalt und der Toleranz. »Zu uns kommen Muslime wie Nichtmuslime, Christen, Juden, Buddhisten, Esoteriker und sogar erklärte Atheisten.« In seinem kleinen Biotop geht es so friedlich zu wie in einem Disney-Themen-Park, wo die »Pirates of the Caribbean« am Abend ihre Kostüme ausziehen und nach Hause gehen.

Schütts Darstellung einer Idylle, die er bedenkenlos generalisierte, blieb nicht unwidersprochen. Und wie so oft,

wenn Konvertiten vor Begeisterung kaum noch laufen können, meldete sich einer, der schon länger dazugehörte, zu
Wort und nahm Schütts Text Satz um Satz auseinander.

»Als ich dich vor vielen Jahren in Hamburg im Hause
eines Verlegers kennengelernt habe, habe ich deinen
Kommunismus nicht ernst genommen. Wie soll ich dich
heute ernst nehmen?«, wollte der 1947 in Teheran geborene Schriftsteller »Said« wissen, der seit 1964 in
Deutschland lebt und aus Gründen der Sicherheit unter
einem Pseudonym schreibt (»Ich und der Islam«, »Der
lange Arm der Mullahs«). Er fragte : »Bist du sicher, dass
du Mohammed nicht mit Lenin verwechselt hast? Oder
war es wieder dein glühender Antiimperialismus, der
dich in die Arme des Islam getrieben hat?«

Said erinnerte Schütt daran, dass »auch Präsident Ahmadinedschad in Teheran seinen Antiimperialismus (betreibt), radikaler als du«, und dass auch Osama bin Laden
sich als Antiimperialist versteht.

»Deine Aufgabe (ist es), den Islam publizistisch salon-
fähig zu machen ... Du genießt das Recht auf freie Meinungsäußerung in Deutschland. Wenn wir diese Freiheit
in Teheran hätten, dann hätte es das Regime nicht so
leicht. Und genau deswegen hat es mehr als 100 Zeitungen verboten in den vergangenen drei Jahren, viele Oppositionelle sind ermordet worden. Doch davon kein Wort
in deinem Beitrag...«

Schütt, so Said, verteidigte einen Islam, »der nur in seinem Hirn existiert: einen schönen, guten und sauberen
Islam«. Zum Schluss ruft der geborene Moslem dem be-
kehrten Moslem zu: »Du bleibst ein ewiger Konvertit. Auf

deinen nächsten Neuanfang bin ich sehr gespannt. Was kommt diesmal? Judentum? Buddhismus? Oder eine exotische Religion aus der Südsee? Was brauchst du auch immer eine Religion? Die Leere füllt keine Religion aus.«

Der Notenwechsel zwischen Schütt und Said war mehr als eine Auseinandersetzung zwischen einem irrlichternden Dogmatiker, der endlich seine wahre Heimat gefunden hat, und einem Freidenker, der genau weiß, warum er diese Heimat verlassen hat. Es sind meist geborene Moslems wie Salman Rushdie, Ibn Warraq, Irshad Manji, Necla Kelek und Amir Taheri, die eine durch Erfahrung geprägte kritische Haltung zum Islam an den Tag legen, während Konvertiten und »Islamexperten« einen Islam propagieren, der vor allem ihrem Wunschdenken entspricht. Für Annemarie Schimmel, die Mutter aller Möchtegern-Moslems, war der Islam eine problemfreie Zone, das Paradies auf Erden; der Ethnologe Werner Schiffauer, der die Situation der türkischen Einwanderer in Deutschland erforscht, behauptet allen Ernstes, die sogenannten »Ehrenmorde« hätten wenig bis gar nichts mit dem Islam, sondern primär mit dem »Gedanken der Ehre« zu tun. Dass dieser Gedanke in moslemisch geprägten Kulturen besonders intensiv gepflegt und wenn nötig auch durchgesetzt wird, das steht wieder auf einem ganz anderen Blatt. Entscheidend für Schiffauer ist, dass die jungen männlichen Migranten gar nicht anders können, als die Ehre, das heißt die sexuelle Unversehrtheit, ihrer Schwestern zu verteidigen, denn: »Je mehr sie in Deutschland heimisch werden, umso mehr nimmt das Bewusstsein von Ausgrenzung zu.«

Mit der gleichen Logik könnte man auch sagen: Je mehr ein Mensch verdient, umso ärmer fühlt er sich. Oder: Je mobiler die Menschen werden, umso weniger bewegen sie sich. Der Zusammenhang, den Schiffauer zwischen gefühlter Ausgrenzung und begangenen »Ehrenmorden« konstruiert, beweist nur eines – dass man jeden Unsinn und auch sein Gegenteil belegen kann, wenn man dazu entschlossen ist.

Die Wut auf die deutsche Gesellschaft, die dem Bewusstsein von Ausgrenzung entspringt, so Schiffauer weiter, »richtet sich dann schnell gegen die Frauen, die sich den damit einhergehenden Erwartungen entziehen – indem sie aufsteigen und aussteigen«, soll heißen, statt auf die Deutschen loszugehen, gehen sie auf ihre Schwestern los, die sich »wie Deutsche« benehmen.

Nun könnte man sich fragen, warum den Mädchen, die doch im selben Milieu wie ihre Brüder aufwachsen, der Ausstieg eher gelingt als den Jungen, ob dieses Phänomen nicht doch kulturell bedingt ist, indem es die tradierten Verhältnisse in den moslemischen Familien spiegelt. Die Töchter stellen die Verfügungsmasse dar; weil sie weniger als ihre Brüder zu verlieren haben, fällt ihnen der Ausstieg leichter, was die Brüder gleich doppelt kränkt. Erstens verlieren sie ihre Verfügungsgewalt, zweitens führen ihnen die Mädchen vor, wie man beziehungsweise frau doch auf eigenen Füßen durch das Leben gehen kann.

Für Schiffbauer hat das alles »mit Islam nichts zu tun«, es sind Migrantenprobleme, die freilich in anderen Migrantenmilieus extrem selten vorkommen, falls sie dort überhaupt festzustellen sind.

Die Hartnäckigkeit, mit der Wissenschaftler offensichtliche Zusammenhänge negieren und zur Legendenbildung beitragen, ist nicht neu, aber immer wieder erstaunlich. So wie es im Kommunismus keine Armut, keine Arbeitslosigkeit, keine Kriminalität und keine unglücklichen Menschen geben durfte, darf es nun im Islam keine kulturspezifische Gewalt gegen Frauen geben. Denn erstens gibt es auch Nichtmoslems, die ihre Frauen und Töchter misshandeln, wenn auch nicht immer so ausdauernd wie in Amstetten, und zweitens ist alles nur eine Frage der Perspektive.

Christina von Braun und Bettina Mathes, zwei Kulturwissenschaftlerinnen, veröffentlichten ein Buch über »Verschleierte Wirklichkeit – Die Frau, der Islam und der Westen«. Das klingt, wie man es von Feministinnen erwarten könnte, nach einer Kritik der westlichen Naivität gegenüber der Romantik des Orients, die verschleiert und deswegen geheimnisvoll daherkommt. Tatsächlich ist es das Gegenteil. Zum einen eine Kulturgeschichte des Schleiers und zum anderen eine Abrechnung mit der Arroganz des Westens. Auf die Frage: »Welche Motivation hat Sie und ihre Kollegin Bettina Mathes dazu bewogen, dieses Buch zu schreiben?« antwortet Christina von Braun in einem Interview mit der Website »muslimische-stimmen.de«:

»Uns fiel in der Diskussion über das Kopftuch, aber auch weiter gehend über den Islam auf, dass man im Westen nicht viel darüber weiß. Zum Beispiel, dass es nicht den Islam gibt, sondern viele verschiedene Formen und Ausrichtungen. Ein anderer Aspekt war die Tatsache, dass bestimmte Vorstellungen projiziert werden, ohne dass man sich bewusst wird, dass es sich oft um Projektionen handelt. Zum Beispiel das Bild von der unterdrückten Frau im Islam. Solche Behauptungen werden einfach in den Raum geworfen, und keiner hinterfragt sie. Und wenn man nachfragt: Wen meinst du genau?, heißt es als Antwort: die Frauen mit Kopftuch. Und dann soll das Kopftuch als ›eindeutige‹ Symbolik diese Behauptung belegen. Man muss einfach mal in Erinnerung rufen, dass auch in deutschen und amerikanischen, wie natürlich auch in muslimischen Haushalten Gewalt am weiblichen Körper verübt wird. Die Projektionen auf ›die Frau im Islam‹ sind Ablenkungsmanöver von den Problemen in den westlichen Ländern.«

Damit ist eigentlich alles gesagt. Der kulturelle Relativismus differenziert und generalisiert zugleich, wie es ihm gerade passt. Einerseits besteht er darauf, dass es »den Islam« nicht gibt, »sondern viele verschiedene Formen und Ausrichtungen«, was im Prinzip richtig ist, andererseits wird in allen Haushalten »Gewalt am weiblichen Körper verübt«, was im Prinzip auch richtig ist, aber nur, wenn man die Sklaverei der Frauen in pakistanischen Haushalten mit der Fron deutscher, holländischer und Schweizer Frauen gleichsetzt, die wegen der Doppelbelastung in Beruf und Familie nur am Wochenende dazu kommen, in aller Ruhe »Emma« zu lesen. Nimmt man diese Argumentation so ernst, wie sie gemeint ist, wäre auch jeder Unterschied zwischen den Freunden von Kentucky-Fried-Chicken und Kannibalen aufgehoben. Beide stehen auf Fleisch.

Alles Übrige sind Projektionen. Um von den eigenen Problemen abzulenken, zeigt der Westen mit dem Finger auf die »Frau im Islam«, der es eigentlich prima geht, wenn sie nicht gerade als Zehnjährige verheiratet, als Ehebrecherin gesteinigt oder als Schwester vom eigenen Bruder zur Rettung der Familienehre ermordet wird.

Wieso kommt uns diese Argumentation so bekannt vor? Weil es noch nicht einmal 20 Jahre her ist, dass Kritik an der Sowjetunion und ihren sozialistischen Anrainerstaaten von den Anhängern der sozialistischen Idee als »Projektion«, als Ablenkungsmanöver von den Zuständen im Westen verleumdet wurde. Damals durfte es nur eine »solidarische« Kritik geben, die von der grundsätzlichen Überlegenheit des sozialistischen Systems ausging. Heute darf man natürlich den Islam kritisieren, aber nur mit dem gebotenen Respekt vor den Moslems und ohne dessen Grundwerte infrage zu stellen.

Diese Voraussetzungen bringen Braun und Mathes mit, ansonsten können sie nicht einmal den Koran im Original lesen. »Da wir der arabischen und anderer Sprachen dieser Region nicht mächtig sind, haben wir mit Texten von IslamwissenschaftlerInnen gearbeitet, die auf Englisch und Französisch geschrieben oder veröffentlicht sind.«

Würde jemand, der des Russischen nicht mächtig ist, den Mut aufbringen, über russische Literatur und deren Einfluss auf das kulturelle Leben in Russland zu schreiben? Allerdings hat Christina von Braun bei der Arbeit mit englischen und französischen Texten einiges über die »hohe Bedeutung oraler Tradition« gelernt: »Mir wurde klar, warum der Koran nicht übersetzt werden sollte. Denn er soll die hohe Qualität des Reims und des Rhythmus bewahren, was für das Gebet, also die Einbeziehung des Körpers von hoher Bedeutung ist.«

Ein anderer Punkt, den Braun und Mathes ausgiebig abhandeln, ist »die Entblößung des weiblichen Körpers« in der westlichen Kultur. Diese sei viel schlimmer als die Verhüllung des weiblichen Körpers in der islamischen Kultur, schon wegen der fatalen Konsequenzen:

»In dem Zusammenhang muss man auch über die weiblichen Essstörungen reden, die zuerst in den westlichen Industrieländern aufgetaucht sind. Magersüchtige Frauen wollen nicht – wie so oft behauptet – einem Schönheitsideal entsprechen, sondern wenn man mit ihnen spricht, sagen sie, sie wollen ›leicht‹, ›dünn‹ oder ›unsichtbar‹ sein. Das heißt, sie wollen sich einem Druck auf den weiblichen Körper entziehen, diesen als nackte Wahrheit – als entblößtes Fleisch – im öffentlichen Raum auszustellen.«

Umgekehrt müssten übergewichtige Frauen von dem Wunsch getrieben sein, aufzufallen, die Aufmerksamkeit allein durch ihre Körperfülle auf sich zu ziehen. Warum dann dicke Frauen, von den Teilnehmerinnen der Freak-Shows auf RTL mal abgesehen, ebenfalls abnehmen und so wie Heidi Klum aussehen möchten, müsste freilich noch erforscht werden.

Braun und Mathes verbreiten eine tiefe Ahnungslosigkeit, die sie mit einem wissenschaftlichen Brimborium verkleiden, das allein dem Zweck dient, ihre Bewunderung für den »edlen Wilden« zu rationalisieren, den sie dem dekadenten und degenerierten Westler gegenüberstellen.

So gesehen, waren die afghanischen Frauen, die in Burkas zu ihrer Hinrichtung im Stadion von Kabul geführt wurden, gut dran. Sie mussten ihre Körper nicht als »entblößtes Fleisch« im öffentlichen Raum ausstellen. Ehrenmorde, sagt Christina von Braun, sind »ein scheußliches Verbrechen«, schiebt aber sofort ein relativierendes »aber« nach: »Aber wenn ein deutscher Mann seine Frau umbringt, weil sie ihn verlassen will oder verlassen hat, redet man von einem Familiendrama. Das eine kommt zwar aus einem anderen kulturellen Kontext und hat eine ganz andere Geschichte, aber die Strukturen sind sehr ähnlich. Aber die ›Ehrenmorde‹ westlicher Art werden nicht thematisiert.«

Man kann keinen Akademiker dazu zwingen, täglich mindestens eine Tageszeitung zu lesen, man muss ihn nur daran hindern, seine eigenen Wahrnehmungsstörungen als wissenschaftliche Erkenntnis auszugeben. »Ehrenmorde« westlicher Art werden nicht thematisiert? Es gibt keine Zufluchthäuser für geschlagene Frauen? Keine Diskussionen über Gewalt in den Familien? Gilt das Vergewaltigungsverbot nicht auch für eheliche Beziehungen?

Mit der Ähnlichkeit der Strukturen kann man jeden Unsinn beweisen, zum Beispiel auch, warum es keinen Unterschied ausmacht, ob ein Mensch bei einem Verkehrsunfall oder eines natürlichen Todes stirbt. Tot ist tot. Mag das Ergebnis eines »Ehrenmordes« strukturell dasselbe sein wie bei einem »Familiendrama«, der entscheidende Unterschied liegt darin, dass bei einem »Familiendrama« die Öffentlichkeit sich mit dem Opfer solidarisiert, während bei einem »Ehrenmord« der Täter der Solidarität seines Milieus sicher sein kann. »Ehrenmorde« sind keine Affekthandlungen, die Familie des Opfers agiert als Richter und Henker, auch wenn am Ende nur einer die Tat vollstreckt, wie in Berlin im Falle der ermordeten Harun Sürücün, als der jüngste der drei angeklagten Brüder verurteilt wurde, worauf die ganze Sippe den Gerichtssaal lachend und jubelnd verließ, ohne auch nur einen Gedanken an die tote Tochter zu vergeuden. Sie hatte es nicht anders verdient. (Nur im bekanntlich konservativ-reaktionären Dänemark wurde im Juni 2006 eine Familie wegen »Ehrenmordes« an einer 18-Jährigen angeklagt, die gegen den Willen der Sippe ihren Freund geheiratet hatte; der Vater bekam lebenslänglich, zwei Onkel und ein Bruder je 16 Jahre, insgesamt wurden neun Familienmitglieder verurteilt, einigen droht nach Verbüßung der Strafe die Abschiebung.)

Braun und Mathes, die ihre Leser über das Wesen des Islam aufklären möchten, lassen solche Geschichten außen vor. Stattdessen räsonieren und relativieren sie, was der Hijab hergibt. Zwangsheirat setzen sie Zwangsprostitution und Sextourismus entgegen. Genitalverstümmelung wird mit Schönheitsoperationen und Praktiken der Selbstverletzung konterkariert. Alles, was die machen, machen wir auch. Die eine bekommt als Kind die Klitoris entfernt, die andere lässt sich als 20-Jährige den Busen straffen. Ist doch alles irgendwie dasselbe.

Braun und Mathes drehen den ethnologischen Spieß um. Es geht nicht darum, warum die orientalische Frau versteckt und verschleiert wird, sondern darum, warum die westliche Frau entblößt und dem männlichen Blick freigegeben wird, bis sie schließlich nackt und schutzlos dasteht. Die Zusammenhänge, die Braun und Mathes dabei konstruieren, sind so abenteuerlich wie die Ignoranz, die sie an anderen Stellen demonstrieren. Nicht zufällig, meinen sie, falle die Entwicklung der Atombombe mit der Entdeckung des Bikini zeitlich zusammen. Die totale Beherrschung der Natur korreliere mit der totalen Sichtbarmachung der Frau.

Ebenso spekulativ wie spektakulär ist auch eine Passage über die Mohammed-Karikaturen, die im September 2005 in der dänischen Zeitung Jyllands-Posten erschienen sind. Sie stellten »den Propheten in entwürdigenden Posen« dar, »als bärtigen Säbelschwinger und Zuhälter, oder als Schwein beziehungsweise Schweinefresser«; damit verstießen sie »ganz bewusst gegen dieses religiöse Tabu und intendieren die Verunglimpfung des Islam«. Diese Karikaturen seien als »Angriff des Westens auf den Islam und die Muslime« verstanden worden, »dem nicht ganz überraschenderweise mit fundamentalistischen Mitteln begegnet wurde«.

Ort der Begegnung waren die dänischen Vertretungen in den moslemischen Ländern, die vom aufgebrachten Mob gestürmt und abgefackelt wurden.

Wäre es von zwei Kulturwissenschaftlerinnen zu viel verlangt, sich der Frage zu stellen, wie es kommen konnte, dass Menschen in Islamabad, Damaskus und Teheran sich von Karikaturen beleidigt fühlten, die sie nicht gesehen hatten, und die in einer Zeitung erschienen waren, deren Namen sie noch nicht einmal aussprechen konnten? Und sollte diese Frage nicht gleich mit einer weiteren Frage verknüpft werden: Wenn, wie immer wieder behauptet wird, der Islam die Religion des Friedens ist, warum regen sich dann die Angehörigen dieser Religion über ein Dutzend ihnen unbekannter Karikaturen aus einem fernen Land auf und nicht über die vielen Menschen, die täglich vor ihrer Haustür bei Anschlägen vom Leben zum Tode befördert werden?

Die Antwort fällt einfach aus. Erstens ist der Islam keine Religion des Friedens, und zweitens können Braun und Mathes weder den Koran im Original lesen noch haben sie die zwölf Mohammed-Karikaturen aus Jyllands-Posten je gesehen. Sie recyceln Wissen aus zweiter Hand. Bis auf den »bärtigen Säbelschwinger«, der Räuber Hotzenplotz ähnelt, wird Mohammed weder als Zuhälter noch als Schwein oder Schweinefleischfresser dargestellt. Das ist reine Erfindung oder, um im Sprengel der beiden Forscherinnen zu bleiben: eine Halluzination im Dienste überschäumender Toleranz.

Damit entfällt auch der Vorwurf der »Verunglimpfung des Islam«, dem »nicht ganz überraschenderweise mit fundamentalistischen Mitteln begegnet wurde«. Der »Angriff des Westens auf den Islam und die Muslime« fand nur in der morbiden Fantasie der Angegriffenen statt, die keine Gelegenheit auslassen, sich beleidigt zu fühlen, weil sie wissen oder zumindest ahnen, dass irgendwo im fernen und kalten Europa zwei Kulturwissenschaftlerinnen sitzen, die für ihre Empörungsbereitschaft eine wissenschaftliche Begründung finden werden.

Was bleibt? Die Atombombe und der Bikini bilden ein kulturelles Modul. »Ehrenmorde« sind normale Familiendramen. Je mehr die Migranten heimisch werden, umso ausgegrenzter fühlen sie sich. Und den Islam an sich gibt es nicht, nur »verschiedene Menschen in verschiedenen Gesellschaften, die unterschiedliche Richtungen, Traditionen und Ausprägungen ihrer Religion leben oder praktizieren«.

Toleranz ist die Flucht
in die erzwungene Freiwilligkeit

Nur zwei Tage bevor der »niederländische Rechtspopulist« Pim Fortuyn am 6. Mai 2002 von einem militanten Veganer und Tierrechtler der »Animal Liberation Front« erschossen wurde, gab er der »Welt« ein Interview, in dem er auch nach einer möglichen Regierungsbeteiligung seiner »Lijst Pim Fortuyn« gefragt wurde. Der Spitzenkandidat der holländischen Christdemokraten, Jan Peter Balkenende, hatte als Vorbedingung für eine Zusammenarbeit mit der LPM gefordert, dass Fortuyn sich von seiner Ansicht distanziert, der Islam sei eine rückständige Kultur. Fortuyn antwortete:

»Ich bin ein freier Mann und lasse mir von niemand diktieren, was ich sagen darf und was nicht. Der Islam ist rückständig im Vergleich mit den Werten und Normen der Modernität, weil er anders als Christen- und Judentum nicht den Prozess der Aufklärung durchgemacht hat.«

Eine Aussage, wie sie klarer und einfacher nicht sein könnte. Eine Selbstverständlichkeit, über die man eigentlich nicht streiten kann. Eine Binse, für die der real existierende Islam täglich Belege liefert. Warum verlangte dann Jan Peter Balkenende, dass Pim Fortuyn seine Meinung über den Islam revidiert? Weil sie sachlich falsch oder weil sie politisch nicht opportun war? Wäre es okay, wenn Fortuyn gesagt hätte, im Gegensatz zum Islam seien das Christen- und das Judentum rückständige Kulturen? Hätte in diesem Fall Jan Peter Balkenende auch verlangt, Pim Fortuyn sollte es sich anders überlegen?

Natürlich gibt es auch im Christen- und Judentum rückständige und reaktionäre Elemente. Die christlichen Antidarwinisten in den USA, die jüdischen Ultraorthodoxen in Israel, die alle davon überzeugt sind, dass Gott die Welt in sechs Tagen eigenhändig erschaffen hat. Schreckliche Zeitgenossen, die ihre eigene Beschränktheit zum Maß aller Dinge nehmen. Aber sie repräsentieren nicht den Mainstream, weder im Christen- noch im Judentum.

Im Islam ist es dagegen genau umgekehrt. Es gibt aufgeklärte Elemente am Rande des Islam, wie die Baha'i, die sich Mitte des 19. Jahrhunderts von den Schiiten abgespalten haben, oder die Aleviten, die ein dogmatisches Religionsverständnis ablehnen; sie beten nicht in Moscheen und legen den Koran nicht wörtlich aus. Aleviten treten für eine Trennung von Staat und Kirche ein und praktizieren eine Gleichberechtigung von Männern und Frauen, die im Islam einzigartig ist. Auch deswegen werden sie von anderen Moslems als Häretiker verurteilt.

In seiner Substanz ist der Islam dagegen rückständig. Das hat weniger mit dem Inhalt des Koran zu tun – auch das Alte und das Neue Testament sind über weite Strecken Dokumente der Militanz – als mit dem Ausbleiben der Aufklärung, der Reformation und der Revolution.

Es gibt im Islam keinen Luther und keinen Voltaire, keinen Mendelssohn und keinen Kant, keinen Panizza und keinen Spinoza. Keinen Sigmund Freud und keinen Wilhelm Reich, keinen Oswalt Kolle und keinen Magnus Hirschfeld. Keinen George Grosz und keinen Jeff Koons. Keinen Giordano Bruno und keinen Galileo Galilei. Keinen Friedrich Lassalle und keine Rosa Luxemburg. Keine Emma Goldmann und keine Beate Uhse. Allein die Gründung der Muslimbruderschaft Ende der zwanziger Jahre in Ägypten stellt wohl die wichtigste soziale Umwälzung in der jüngeren Geschichte der arabisch-islamischen Welt dar, die weder mit ihrer Armut noch mit ihrem Reichtum zurechtkommt, weil sie meist von Despoten und Diktatoren regiert wird.

Die Blütezeit der islamischen Kultur liegt lange zurück. Es sind die 500 Jahre zwischen der Mitte des achten und der Mitte des dreizehnten Jahrhunderts, als Astronomen, Mediziner und Mathematiker bahnbrechende Erfindungen machten, Philosophen und Literaten Enzyklopädien über das gesammelte Wissen ihrer Zeit verfassten. Was danach passierte oder besser: eben nicht passierte, das hat Dan Diner in seinem Buch über den zivilisatorischen Rückstand der arabisch-islamischen Welt beschrieben und analysiert: »Versiegelte Zeit«. Deswegen ist es kein Zufall, dass immer wieder Al Andalus, das Kalifat von Cordoba, genannt wird, wenn nach einem Beispiel für eine islamische Hochkultur und das friedliche Zusammenleben verschiedener Religionen gesucht wird. Aber das war spätestens 1492 vorbei, und danach kam nicht mehr viel. Während Europa mit Gutenberg, Kolumbus und Luther zu neuen Ufern aufbrach, zogen sich die Moslems in ihre Welt zurück.

Vielleicht wäre es besser gewesen, wenn die Türken 1683 vor Wien nicht besiegt worden wären; dann hätte Europa seine Islamisierung schon hinter sich. Und die Europäer könnten sich heute entspannt zurücklehnen und ein Leben ohne Angst vor dem Terror und dem Islamismus genießen. So aber streiten sie sich über die unmittelbare Zukunft ihres Kontinents.

Während der Historiker Walter Laqueur »die letzten Tage von Europa« am Horizont aufziehen sieht und den Islam als »Unterwerfung« definiert, sagt der holländische Schriftsteller Ian Buruma: »Der radikale Islam ist keine totalitäre Gefahr« und behauptet, das Kopftuch werde »aus freien Stücken getragen«, als Reaktion auf die erlebte Ausgrenzung: »Je mehr Muslime in Europa das Gefühl haben, dass die Mehrheit etwas gegen sie hat, desto mehr werden ein Kopftuch tragen: aus Trotz.« Andere wiederum, wie der deutsche Innenminister Wolfgang Schäuble, hoffen auf die Entstehung eines »Euro-Islam« und vergessen dabei, dass es schon mit dem »Euro-Kommunismus« nicht geklappt hat.

Die Debatten finden auf einem hohen theoretischen Niveau, aber abseits der Wirklichkeit statt, denn die Experten können sich auch angesichts der Selbstmordanschläge und Terrorakte nicht einmal untereinander darauf verständigen, was »Dschihad« bedeutet: »Heiliger Krieg« oder »innere Anstrengung«. Konnte man bei der letzten Belagerung Wiens 1683 von einer Begegnung auf gleicher Augenhöhe sprechen, weil beide Seiten über die gleichen Waffen und Kenntnisse verfügten, sieht es heute anders aus. Die Kluft zwischen dem Westen und der arabisch-islamischen Welt wird immer größer, was freilich nichts über die Aussichten für den Ausgang des Konflikts aussagt. Während der Westen an seiner Überlegenheit zu scheitern droht, nutzt die arabisch-islamische Welt ihre Unterlegenheit als Chance, den Westen das Fürchten zu lehren. Für Staaten wie Pakistan und den Iran, demnächst auch Ägypten, Saudi-Arabien und vermutlich auch Libyen, ist die Atomtechnologie ein Muss, um alle anderen Defizite zu überbrücken. Wie Halbstarke, die ihre Autos tunen, um auf sich aufmerksam zu machen und die mit quietschenden Reifen um die Ecken rasen, streben die iranischen Mullahs nach der A-Bombe, um als »gleichberechtigte Partner« anerkannt zu werden. Und haben sie erst einmal das Spielzeug, wird sie kein Mensch mehr nach den Armuts- und Analphabetismus-Raten in ihrem Land fragen.

In einem Bericht der Organisation für Entwicklung der Vereinten Nationen (UNDP) aus dem Jahre 2003 wurde ein extremer Mangel an Bildung, Forschung, Literaturproduktion und Übersetzungen in den 22 Staaten der Arabischen Liga festgestellt, in denen über 280 Millionen Menschen leben. Eine »wachsende Wissenskluft« lähme die arabische Welt, heißt es in der Studie, die von arabischen Intellektuellen verfasst wurde, die politischen Verhältnisse würden die Vermittlung von Wissen verhindern. »Man braucht Freiheit für den Erwerb von Bildung.« Auch sei man in der arabischen Welt nicht daran interessiert, qualifizierte Arbeitskräfte für den eigenen Markt auszubilden, man könne sie ja aus dem Ausland einfliegen; Bildung stelle keinen Wert mehr in der arabischen Welt dar. Die Analphabetenquote liege bei einem Drittel. Während 284 Millionen Menschen, also etwa fünf Prozent der Weltbevölkerung, arabisch sprechen und nur elf Millionen griechisch, würden jährlich fünfmal so viele Bücher ins Griechische wie ins Arabische übersetzt. In Griechenland sind es etwa 1500 Titel, in ganz Arabien nur 330. Bürgerlich-politische Freiheiten und Mitspracherechte seien noch weniger entwickelt als in den afrikanischen Ländern südlich der Sahara. Immerhin: Die Analphabetenrate unter Erwachsenen ist von 60 Prozent im Jahre 1980 auf 43 Prozent Mitte der neunziger Jahre gesunken, lag damit aber noch immer über der Durchschnittsrate in Entwicklungsländern. Von 1000 Menschen hätten nur 18 einen Computer, im globalen Durchschnitt wären es immerhin 78. Zugang zum Internet hätten weniger als zwei Prozent der 284 Millionen Araber.

Solche Zustände machen nicht nur die Flucht in die Religion plausibel, wo man die eigenen Überlegenheitsfantasien gegenüber dem mächtigen, aber trotzdem dekadenten und korrupten Westen ausleben kann, sie erklären, warum die Araber beziehungsweise die Moslems besser dran waren, als sie noch nicht wussten, dass sie auf einem riesigen Ölfass leben: Sie mussten sich anstrengen. Aus demselben Grund zählen »arme« Staaten wie Holland, Dänemark und die Schweiz zu den reichsten in Europa. Sie hatten nie die Chance, durch Bodenschätze korrumpiert zu werden und mussten ihre brain und human power entwickeln, die Holländer als Landwirte, die Dänen als Designer und die Schweizer als Banker.

»I just wish they didn't have that oil«, schrieb Robert Kennedy, damals 22, in einem Bericht für die »Boston Post« aus dem Jahre 1948 über die Araber und ihre Ressourcen.

Heute muss man nur ein kleines Gedankenexperiment unternehmen, um den Zusammenhang zwischen wirtschaftlicher und politischer Macht zu begreifen. Wäre Israel der größte Erdölproduzent der Welt und nicht Saudi-Arabien, sähe der Nahostkonflikt anders aus, das heißt, es gäbe ihn gar nicht, weil der Welt das Schicksal der Palästinenser völlig wurst wäre. Israel könnte nicht nur den Barrel-Preis bestimmen, es müsste sich auch keine Gedanken über sein »Existenzrecht« machen, und von einem »Recht auf Rückkehr« der palästinensischen Flüchtlinge würden nur Menschen reden, die ihre Brennnessel-Suppe über offenem Feuer kochen.

Das Toleranz-Prinzip, das sich im aufgeklärten Westen durchgesetzt hat, basiert auf der Verbindung von selektiver Wahrnehmung mit der Angst um das eigene Wohlergehen. Drei bis vier Millionen Tote im Kongo, ein Horror-Regime in Burma und eine Gang in Simbabwe, die das eigene Land im Namen des Antiimperialismus ruiniert, werden übersehen, weil man sich auf die »humanitäre Katastrophe« in Gaza konzentrieren muss. Dabei spielt es keine Rolle, dass es sich um das höchstsubventionierte Gebiet der Welt handelt, das von einer »Regierung« regiert wird, die sich um alles kümmert, außer um die Versorgung der Bevölkerung, die sie den UN-Agenturen und den zahllosen NGOs überlässt. Es spielt keine Rolle, dass die Sturmtruppen der Hamas so aussehen, als wären sie soeben mit dem Besten und Feinsten ausgestattet worden, das der Markt modebewussten Gotteskriegern anzubieten hat. Der tolerante Durchschnittsdeutsche, der sich in seinem Viertel nicht mehr auf die Straße traut, wenn sein Fahrrad, das er abzuschließen vergaß, geklaut wurde, solidarisiert sich mit den Not leidenden Menschen in Gaza und macht Israel für deren Schicksal verantwortlich – während er die Raketen, die in Sderot und Umgebung einschlagen, als »selbst gebaut« beschreibt, um deren Harmlosigkeit zu unterstreichen. Denn er weiß oder ahnt es, dass die Eingeschlossenen von Gaza von denjenigen unterstützt werden, die den Ölpreis bestimmen, den er im kommenden Winter bezahlen muss, während die Israelis schlimmstenfalls den Preis für Avocados anheben könnten.

Galt die Toleranz früher dem Schwachen, Benachteiligten und Zukurzgekommenen, so gilt sie heute dem Brutalen, Rücksichtslosen und Zuallementschlossenen. War sie früher ein Ausdruck von Stärke, so ist sie heute ein Ausdruck von Schwäche. Dahinter steckt eine durchaus rationale Überlegung. Habe ich es mit einem mir in jeder Hinsicht überlegenen Gegner zu tun, werde ich es nicht auf einen Showdown mit ihm ankommen lassen, den ich verlieren müsste. Ich werde lieber Toleranz praktizieren und ihn gewähren lassen, in der Hoffnung, dass ein Wunder passiert und mir der Genosse Zufall zu Hilfe kommt. Und ich werde es »freiwillig« tun, um an mir selbst nicht zu verzweifeln.

Toleranz ist ein Werkzeug der Prävention, die einen lassen sich gegen Grippe impfen, die anderen biedern sich bei dem Virus an. Der Islam, so hört man es tagein tagaus, sei eine »Religion des Friedens«, die allenfalls von ein paar Radikalen missbraucht werde. Ein flüchtiger Blick auf die Landkarte der Konflikte, an denen die verschiedenen Fraktionen der Religion des Friedens maßgeblich beteiligt sind (Afghanistan, Pakistan, Irak, Gaza, Sudan, Somalia, Kaschmir, Sri Lanka, Philippinen, Thailand, Yemen, Nigeria) zeugt zwar vom Gegenteil, bleibt aber wirkungslos, so lange »Islamexperten« den Begriff »Jihad« als »innere Anstrengung« übersetzen, die nichts mit einer Aggression gegen Andersgläubige, Andersdenkende und Anderslebende zu tun habe.

Dass im Iran Homosexuelle aufgehängt, EhebrecherInnen gesteinigt werden und in Saudi-Arabien ein Todeskandidat zuerst geköpft und dann kopflos gekreuzigt wird, sorgt allenfalls dann für eine leichte Irritation, wenn die guten Handelsbeziehungen durch Proteste von Menschenrechtsgruppen gestört werden könnten.

Progressive Kulturschaffende sind ganz scharf darauf, in Teheran aufzutreten, und wer berufsbedingt nach Riad muss, nimmt es als selbstverständlich hin, dass kein Alkohol und keine Bibel im Gepäck mitreisen dürfen. Er verzichtet auf solche Unhöflichkeiten. Aus Respekt dem Gastland gegenüber. Und natürlich vollkommen freiwillig.

Toleranz ist der dritte Weg
zwischen Barbarei und Hightech

Wir kommen nun zu der Mutter aller Fragen, die schon von Lenin gestellt wurde: Was tun? Wladimir Iljitsch Uljanow war der Ansicht, dass die gewöhnliche Arbeiterklasse aufgrund fehlenden Klassenbewusstseins nicht in der Lage wäre, eine richtige Revolution durchzuführen, sondern nur »Brot- und Butterziele« im Sinn hätte. Woraus zwingend folgte, dass »das politische Klassenbewusstsein dem Arbeiter nur von außen gebracht werden« kann, von einer Organisation der Berufsrevolutionäre, die alles tut, um eine »Diktatur des Proletariats« zu etablieren, in der die Arbeiterklasse dann das Sagen haben würde.

Einfacher ausgedrückt: Kann man Menschen, die kein Bewusstsein von ihrer Lage haben, mit Gewalt zu ihrem Glück zwingen? Für Lenin war die Antwort klar: Man kann nicht, man muss.

So entstand ein monströser Popanz, ein über 70 Jahre währender Feldversuch, dem mindestens drei Generationen geopfert wurden und dessen Nachwehen noch lange zu spüren sein werden. Denn die mentalen Folgen einer gelebten Täuschung sind schwerer zu kurieren als die ökonomischen.

Erstaunlicher noch als die Dauer des Experiments war seine Grundlage: die Fiktion der Freiwilligkeit. In einem System, in dem alles auf Zwang beruhte und jede Gehorsamsverweigerung bestraft wurde, geschah alles »freiwillig«. Die bürgerlichen Parteien lösten sich freiwillig auf oder unterstellten sich freiwillig der politischen Vertretung der Arbeiterklasse. Die Arbeiter leisteten freiwillig eine Arbeit, die schlecht bezahlt wurde, und Überstunden, die überhaupt nicht bezahlt wurden, weil sie freiwillig am Aufbau des Sozialismus teilnehmen wollten. Die Menschen verzichteten freiwillig auf Reisen ins Ausland, die Lektüre reaktionärer Literatur und den Genuss bürgerlicher Unterhaltung. Sie gingen freiwillig zu Wahlen, deren Ergebnis von vorneherein feststand. Sie kamen freiwillig zu Massendemonstrationen und jubelten den Repräsentanten von Partei und Staat freiwillig zu. Sogar die Sowjetunion firmierte als ein freiwilliger Zusammenschluss souveräner Staaten, während in der DDR die Freiwilligkeit des Verbleibs im Lande mit dem Bau des antifaschistischen Schutzwalls auf die Spitze getrieben wurde. Und dennoch: Nicht wenige Westler, die eine Gelegenheit bekamen, das Reich des Fiktiven zu besuchen, waren von den Ergebnissen des Prinzips Freiwilligkeit schwer angetan.

Damals war freilich von »Toleranz« gegenüber dem totalitären System im Osten keine Rede, allenfalls von »Wandel durch Annäherung«. Man machte Geschäfte mit den Kommunisten, aber man fraternisierte nicht mit ihnen. Und während Willy Brandt mit den Genossen der SED über Erleichterungen im Grenzverkehr verhandelte, setzte er daheim »Berufsverbote« gegen Lehrer und Lokführer durch, die trotz ihrer revolutionären Gesinnung unbedingt Beamte werden wollten.

Heute haben wir es mit einer ähnlichen Situation zu tun, aus der ganz andere Konsequenzen gezogen werden. Eine Gesellschaft in der – zu Recht – Vergewaltigung in der Ehe unter Strafandrohung steht, leistet sich eine endlose Debatte darüber, ob das Kopftuch ein Symbol der Unterdrückung oder ein Zeichen der Selbstbestimmung ist. Es werde »freiwillig« getragen, versichern Frauen, die ansonsten nicht einmal ohne männliche Begleitung vor die Tür ihrer Wohnung treten dürfen. Sogar ordinierte Feministinnen finden Gefallen an der rituellen Verhüllung der Frau, weil sie damit den begehrlichen Blicken der Männer entzogen wird. Wenn aber die unkontrollierte Gier der Männer das Problem ist, dann müsste man den Männern Augenbinden oder Handschellen anlegen – statt die Frauen zu verhüllen.

Eine Gesellschaft, in der das Schlagen von Kindern verpönt ist, mag nicht eindeutig Stellung beziehen zu der Art, wie in Migrantenfamilien Kinder behandelt werden, das wäre erstens unsensibel und zweitens könnte es als Bevormundung verstanden werden, was man in jedem Fall vermeiden möchte. Und kommt es zu einem »Ehrenmord«, dann ist man entsetzt und erschüttert, mag sich aber den relativierenden Hinweis nicht verkneifen, dass solche Taten auch in anderen Milieus vorkommen, wo sie dann als »Familiendramen« gelten. Dass sich »Ehrenmorde« im Gegensatz zu »Familiendramen« dadurch auszeichnen, dass sie im Auftrag und mit dem Segen der Familie stattfinden, wird dabei gerne übersehen.

Eine Gesellschaft, in der gleichgeschlechtliche Partnerschaften anerkannt und wie konventionelle Ehen gehandhabt werden, schreit nicht auf, wenn in einer islamischen Republik Homosexuelle öffentlich aufgehängt werden. Stattdessen machen sich Künstler, Musiker und Schauspieler auf den Weg, um an einem »Dialog der Kulturen« teilzunehmen. Alles andere würde den »Kampf der Kulturen« nur weiter anheizen.

Eine Gesellschaft, die stolz auf ihre Außenhandelsbilanz und auf die Leistungen ihrer Maschinenbauer ist, die sich nicht geniert, das deutsche Bier, den deutschen Fußball und die deutsche Theaterkultur für weit überlegen zu halten, fängt plötzlich an zu stottern, wenn es um die Überlegenheit der eigenen politischen Kultur geht. Gewaltenteilung? Eine westliche Erfindung. Freie Wahlen? Nicht schlecht, aber nicht unbedingt übertragbar. Meinungs- und Redefreiheit? Eine gute Idee, aber nicht für jeden. Gleichberechtigung von Männern und Frauen? Auch bei uns verdienen Frauen im Schnitt weniger als Männer.

Kaum jemand traut sich, aus der Reihe zu treten und zu sagen: Unsere politische Kultur ist nicht ideal, nicht perfekt und nicht vollkommen, aber die beste, die wir je hatten und um Lichtjahre besser als die politischen Kulturen in den Ländern, aus denen die Migranten kommen. So etwas zu sagen, käme einem Super-Gau gleich, eher könnte es passieren, dass Verona Pooth zur Intendantin der Bayreuther Festspiele ernannt wird.

Aber: So viel Intoleranz muss sein, der Klarheit zuliebe.

Kein deutscher (oder europäischer) Politiker käme auf die Idee, im Ausland so aufzutreten wie der türkische Ministerpräsident Erdogan am 10. Februar 2008 in der Köln-Arena, wo er vor 20 000 seiner Landsleute Assimilation als ein »Verbrechen gegen die Menschlichkeit« verdammte. Seine Rede wurde nicht einmal ins Deutsche übersetzt und auf den Plakaten, mit denen zu der Kundgebung aufgerufen wurde, war auch kein deutsches Wort zu lesen. Statt Erdogan zur Ordnung zu rufen und damit einen kleinen Skandal zu riskieren, gab Angela Merkel nur zu Protokoll, man müsse über das »Integrationsverständnis« des türkischen Regierungschefs noch diskutieren und: Sie wäre »auch die Kanzlerin« der in Deutschland lebenden Türken.

Frau Merkel hätte auch ein paar bessere integrationstechnische Argumente verwenden können, zum Beispiel: Es gibt keine Warteschlangen vor den diplomatischen Vertretungen des Iran, der Türkei und des Jemen in Deutschland, Dänemark und Österreich, dafür aber viele Menschen in Isfahan, Ankara und Sanaa, die lange Wartezeiten vor den deutschen, dänischen und österreichischen Konsulaten in Kauf nehmen, um ein Visum zu bekommen. Unter solchen Umständen tun die Dazugekommenen gut daran, den Eingeborenen entgegenzukommen, nicht umgekehrt.

Man sieht nur selten Kamele auf deutschen Straßen, dafür aber ständig Mercedes-, Peugeot- und Toyota-Limousinen in Saudi-Arabien.

Nur wenige deutsche Patienten fliegen nach Riad, Casablanca oder Khartoum, um sich dort an Herz, Nieren,

Leber, Galle und Gemüt behandeln zu lassen. Aber immer mehr arabische Patienten, die es sich leisten können, nehmen die Dienste deutscher Krankenhäuser in Anspruch.

Auf solche Selbstverständlichkeiten hinzuweisen, grenzt freilich in einer toleranten Gesellschaft schon an Rassismus, Herrenmenschentum und postkoloniale Arroganz. Und wenn sich eine kanadische Kleinstadt in der Provinz Quebec, in der 96 Prozent der Einwohner Katholiken sind, ein Statut gibt, in dem unter anderem festgestellt wird: »Es ist verboten, Frauen zu steinigen, sie bei lebendigem Leib zu verbrennen, sie mit Säure zu überschütten oder die Mädchen zu beschneiden ... Wir trinken Alkohol und tanzen, bei uns baden Mädchen und Jungs in einem Pool ... Schleier sind nicht willkommen, außer an Halloween ...« – dann gibt es nicht nur Zustimmung, es ist auch die Rede von einem »muslimfeindlichen Verhaltenskodex«.

Extrem muslimfeindlich, geradezu islamophob, erscheint auch das Reglement, nach dem die Nobelpreise verliehen werden. Bis jetzt sind nur neun Moslems ausgezeichnet worden, zwei Naturwissenschaftler, zwei Literaten, ein Ökonom und vier Politiker.

Abdus Salam war der erste Moslem und bislang einzige Pakistani, der 1979 den Nobelpreis bekommen hat. Zu diesem Zeitpunkt hatte der Physiker seine Heimat längst verlassen und ein Zentrum für theoretische Physik in Triest gegründet, das noch heute arbeitet. Ahmed Hassan Zewail, ein Ägypter, wurde 1999 mit dem Nobelpreis für Chemie ausgezeichnet. Seit 1976 arbeitete er am Caltech, dem California Institute of Technology.

Der Nobelpreis für Literatur ging 1988 an den Ägypter Nagib Mahfus, einen liberalen Moslem, der in seinem Land weit weniger als im Ausland geschätzt wurde. Einer seiner Romane kam als »blasphemisch« auf den Index, Mahfus selbst wurde 1994 von einem Fanatiker niedergestochen und schwer verletzt. Unter den Folgen des Anschlags hatte er bis zu seinem Tod im Jahre 2006 zu leiden.

Den Literaturpreis 2006 bekam der türkische Schriftsteller Orhan Pamuk, der sich im gleichen Jahr wegen »Verleumdung des Türkentums« verantworten musste, nachdem er den Völkermord an den Armeniern in einem Interview als historische Tatsache erwähnt hatte. Kurz nach der Preisverleihung sagte Pamuk unter dem Druck von Drohungen eine Lesereise nach Deutschland ab. Inzwischen lebt er lieber in den USA als in der Türkei.

Fünf Moslems wurden mit dem Friedensnobelpreis geehrt: 1978 der ägyptische Präsident Anwar el Sadat, der drei Jahre später ermordet wurde; 1994 Jassir Arafat, der Vorsitzende der PLO; 2003 die iranische Anwältin Schirin Ebadi und 2005 der Chef der Internationalen Atomenergiebehörde Mohammed el Baradei. 2006 wurde Muhammad Yunus aus Bagladesch mit dem Friedensnobelpreis ausgezeichnet, ein Ökonom, der eine Bank gegründet hatte, die Mikrokredite an Frauen vergibt, um ihnen beim Aufbau einer Existenz zu helfen. Es war eine der seltenen Entscheidungen des Nobelpreis-Komitees, die unumstritten war und auch in der Heimat des Geehrten gefeiert wurde.

Ansonsten taten die Preisträger gut daran, sich nicht zu weit aus dem Fenster zu lehnen. Schirin Ebadi, die von

1975 bis 1979 als erste Richterin im Iran gearbeitet hatte und mit Beginn der islamischen Revolution aus dem Amt entfernt wurde, gab sich betont versöhnlich. Bei der Verleihung des Leibniz-Ringes 2004 in Hannover wurde die Iranerin von Bundesjustizministerin Zypries »für ihren Mut und die Kraft, die Achtung der Menschenrechte auch gegen enorme Widerstände öffentlich einzufordern« gelobt und auch dafür, dass sie »sehr genau zwischen patriarchalen Strukturen einer Gesellschaft einerseits und der Religion andererseits« unterscheidet. Deshalb wäre es wichtig, »dass Persönlichkeiten wie Schirin Ebadi einen demokratischen und toleranten Islam repräsentieren«, freute sich Frau Zypries. Wobei sie leider zu erwähnen vergaß, dass man den demokratischen und toleranten Islam wie eine Nadel im Heuhaufen suchen muss und dass patriarchale Strukturen einer Gesellschaft möglicherweise doch etwas mit der Religion zu tun haben, die in dieser Gesellschaft wegweisend ist. Frau Zypries gab sich große Mühe, eine Dissidentin zu loben, ohne dem System hinter ihr zu sehr auf die Füße zu treten.

Es kann nicht nur an der eurozentrischen Perspektive der Berichterstattung liegen, dass man von den Errungenschaften des demokratischen und toleranten Islam so wenig mitbekommt und dass andere Phänomene aus der islamischen Welt die Nachrichten dominieren: Der verlustreiche Kampf um die »Rote Moschee« in Islamabad, bei dem niemand so recht wusste, worum es eigentlich ging; die ewigen Auseinandersetzungen zwischen Schiiten und Sunniten, die offenbar um ihrer selbst willen geführt werden; die Unfähigkeit, hausgemachte Konflikte beizulegen, verbunden mit der Entschlossenheit, sie einfach zu leugnen – wie in Darfur; die Absage der Auto-Rallye Dakar aufgrund von Terror-Drohungen der »Al Qaida im islamischen Magreb«; die Erstürmung eines Bordells in Islamabad durch knüppelschwingende Islamistinnen, wodurch die Welt immerhin erfuhr, dass es in Islamabad auch Bordelle gibt; die Krawalle im Zusammenhang mit der Miss-World-Wahl in Nigeria, bei denen über 100 Menschen getötet wurden. Dass Frauen in Saudi-Arabien keinen Führerschein machen dürfen, damit sie im Falle einer Panne oder Polizeikontrolle nicht mit Männern in Kontakt kommen, mit denen sie nicht verwandt sind, gehört noch zu den harmlosen Arabesken einer Kultur, in der Anspruch und Wirklichkeit gewaltig auseinanderklaffen. Die Theorie heißt: »Islam ist Frieden«, die Praxis zeugt vom Gegenteil.

»Die gesellschaftliche und kulturelle Krise der Araber besteht darin, dass ihre Gesellschaft und Kultur nahezu auf ewig unfähig sind, zeitgemäß zu sein«, sagt der libanesische Schriftsteller Abbas Beydoun, »also tun sie alles, um den Westen einzuholen, mit ihm gleichzuziehen, von ihm anerkannt zu werden. Seit mehr als einem Jahrhundert träumen wir von Dingen, die wir doch nie verwirklichen. Umso größer ist die Resignation über das Scheitern. Über die Erkenntnis, dass der Westen unerreichbar ist. Es ist eine Tragödie der Ohnmacht, die viele Menschen ins Fabulieren und Romantisieren treibt. Die Folgen sind katastrophal...«

Im täglichen Diskurs bedeutet dies, »dass ein Großteil dessen, was heute als arabische Kultur gehandelt wird, nichts als pure Ideologie und Propaganda ist. Man bietet es uns als Philosophie und essayistische Gedanken an, aber tatsächlich ist es nur flach«.

Nicht nur flach, auch albern und infantil. Wie die Fatwas (Rechtsgutachten), die von renommierten Gelehrten angesehener Universitäten verfasst und verbreitet werden. Sie belegen nicht Selbstmordattentäter mit einem Bann, sondern beschäftigen sich vorzugs- und ersatzweise mit dem Verhältnis von Männern und Frauen in delikaten Situationen.

Für großes Aufsehen sorgte in der ägyptischen und arabischen Öffentlichkeit die Fatwa eines Experten der Kairoer Al-Azhar-Universität, in der es darum ging, unter welchen Umständen eine Frau mit einem fremden Mann zusammen in einem Raum sein darf: wenn sie ihm fünfmal täglich die Brust gibt. Damit werden die beiden zu Still-Verwandten, und die Frau darf sogar im Beisein des Mannes ihr Kopftuch abnehmen, ohne gegen die guten Sitten zu verstoßen.

Ebenfalls leidenschaftlich diskutiert wurde die Fatwa eines anderen Gelehrten, die der ägyptische Großmufti, Scheich Ali Gomaa, persönlich abgesegnet hatte: Sie erlaubt Frauen, die ihre Unschuld vor der Ehe verloren haben, die chirurgische Rekonstruktion des Hymens.

Mithilfe des Eingriffs würden sie »juristisch gesehen« wieder zu »Jungfrauen«. Damit bliebe auch der zukünftige Ehemann im Stande der Unschuld. »Wenn Gott gewollt hätte, dass wir alles voneinander wissen, hätte er uns zu Hellsehern gemacht«, so die durchaus pragmatische Begründung des Scheichs. Die Regelung gelte aber nur bei einmaligen Betriebsunfällen, für Prostituierte und Frauen, die schon mehrere Partner hatten, gäbe es keinen Weg zurück zum Status quo ante.

Gleichermaßen informativ wie unterhaltsam sind die mit großem Ernst von Experten und Schriftgelehrten geführten Debatten in arabischen TV-Programmen, wie man Frauen richtig schlagen soll – sodass keine Spuren zurückbleiben. Man kann sich diese Ratgeber-Sendungen inzwischen auf YouTube ansehen, wo auch kleine Kinder vorgestellt werden, die unbedingt Märtyrer werden möchten.

Das alles nimmt der liberale und tolerante Westen mit einer Mischung aus Amüsement und Erstaunen zur Kenntnis – fremde Länder, fremde Sitten. Und außerdem: So lange ist es noch nicht her, dass auch bei uns Jungfrauen höher im Kurs standen als gefallene Mädchen. Erst wenn beim Unicef-Wettbewerb für das »Foto des Jahres« ein Bild den ersten Preis gewinnt, auf dem ein 40 Jahre alter Mann mit seiner ihm eben angetrauten elfjährigen Ehefrau zu sehen ist, dann macht sich doch ein Hauch von Entsetzen breit. Denn die Elfjährige soll auf die Frage, was sie so fühlen würde, geantwortet haben: »Ich kenne diesen Mann nicht, was soll ich fühlen?« Und wenn bald darauf Bilder einer Zehnjährigen aus dem Jemen um die Welt gehen, die sich nur durch Flucht der Ehe mit einem viel älteren Mann entziehen konnte, dann fangen auch hartgesottene Multikulturalisten an zu zweifeln, ob alle Kulturen gleichwertig sind und denselben Respekt verdienen. Das Gefühl der Verunsicherung macht sich auch bemerkbar, wenn ein 23 Jahre alter Student von einem ordentlichen afghanischen Gericht zum Tode verurteilt wird, weil er einen Text aus dem Internet heruntergeladen und an Kommilitonen verteilt hatte, in dem auf ironische Art über Gleichberechtigung diskutiert wurde: Warum soll ein Mann vier Frauen haben dürfen, aber eine Frau keine vier Männer?

Das sei, befanden die Richter in Masar-i-Sharif, wo die Bundeswehr beim Aufbau der afghanischen Zivilgesellschaft hilft, ein Fall von »Verunglimpfung des Islam«, ein Verbrechen, das mit dem Tode bestraft werden müsse. Falls die Todesstrafe vom Obersten Gericht bestätigt und durch Steinigung vollzogen wird, hätte der Student allerdings noch eine Chance. Die Scharia schreibt vor, dass ein Mann nur bis zur Hüfte, eine Frau aber bis zum Hals in der Erde vergraben werden muss, bevor er beziehungsweise sie zu Tode gesteinigt wird. So fällt es einem Mann leichter, sich zu befreien und mit dem Leben davonzukommen als einer Frau.

Öffentliche Hinrichtungen waren immer die ultimative Form der Unterhaltung, die Massen von Gaffern anzog. Das letzte Spektakel dieser Art in Europa fand 1939 in Versailles statt. Danach wurde die Todesstrafe nur noch diskret, unter Ausschluss der Öffentlichkeit, vollzogen.

Ein toleranter Kulturrelativist würde nun sagen: Das ist doch erst 70 Jahre her, eine Nanosekunde in der Geschichte der Menschheit. Und außerdem: Zwar ist in der Bundesrepublik die Todesstrafe durch Artikel 102 GG abgeschafft, aber in der hessischen Verfassung, da steht sie immer noch drin und wird nur deswegen nicht angewandt, weil Bundesrecht Landesrecht bricht.

Der Einwand ist richtig, zielt aber am Kern der Sache vorbei. Es geht nicht um die Todesstrafe an sich, es geht um die Verbindung von Barbarei und Hightech, die es in dieser Form noch nie gegeben hat.

Die Steinigungen werden nicht nur gut besucht, sie werden von den Besuchern mit ihren Handys gefilmt. Das sieht dann so aus:

http://leilamagazine17.blogspot.com/2008/02/blogpost_ 6785.html. Auch die Entführer von Daniel Pearl (2001) und Nicholas Berg (2004) nahmen die Enthauptung ihrer Opfer auf und stellten die Videos ins Netz. Bei Nicholas Berg legte »der exhibitionistische Kopfabschneider al Sarkawi« (»Welt«) persönlich Hand an, weswegen das Video unter dem romantischen Titel »Scheich Abu Musab al Sarkawi schlachtet eigenhändig einen amerikanischen Ungläubigen« vermarktet wurde. Sowohl Pearl wie Berg wurden die Köpfe mit Messern abgehackt, langsam und qualvoll, damit auch die Video-Zuschauer später ihren Spaß haben. Das Entsetzen in der zivilisierten Welt war groß, aber es dauerte nicht lange, bis man sich damit abgefunden hatte, dass die Gotteskrieger ihre Messer nicht nur zum Brotschneiden benutzen. Ende Juni 2007 konnte man in der »Welt« Folgendes lesen:

»Im Irak trieben vorgestern 20 geköpfte Leichen im Fluss Tigris. Es müssen schon solche spektakulären Häufungen auftreten, damit es überhaupt noch einmal eine der alltäglichen Horrormeldungen in westliche Medien schafft.«

Weil der schönste Terror aber nichts bringt, wenn er keinen Horror verbreitet, kommt zugleich mit der alten

Kunst des Kopfabschlagens die neueste Technik zum Einsatz: Video und Internet. Gavrilo Princip, einer der Attentäter von Sarajewo, der 1914 den Erzherzog Franz-Ferdinand und seine Frau Sophie erschoss, benutzte für seine Tat eine halbautomatische Pistole vom Kaliber 7,65 x 17 mm, Modell FN Browning 1910, nicht Pfeil und Bogen oder einen antiken Vorderlader. Neunzig Jahre und viele Erfindungen später greift Abu Musab al Sarkawi zu einem Messer und lässt sich dabei filmen, wie er einen Ungläubigen schlachtet. Die Botschaft ist klar: Ich bin ein Barbar, aber ich verstehe was von Hightech. Es ist, als würden die Leute den Inhalt ihrer Nachttöpfe aus dem Fenster auf die Straße kippen und dabei rufen: »Alles Bio-Masse! Natürlich und recycelbar!«

Die Attentäter von 9/11 waren mit Teppichmessern bewaffnet, aber in der Lage, Flugzeuge ins Ziel zu fliegen, die sie weder starten noch landen konnten. Osama bin Laden haust irgendwo in einer Höhle und verbreitet seine Botschaften via Satelliten-Telefon in alle Welt. Man muss nicht das Massachusetts Institute of Technology besucht haben, um High-End-Produkte bedienen zu können.

Man müsste aber wenigstens eine Ahnung von Geschichte, Naturkunde und Dialektik haben, um ein Mobiltelefon benutzen zu dürfen. Im Ernst: Benutzen zu dürfen, nicht: zu können. Jeder Kretin kann ein Handy bedienen oder E-Mails abrufen, ohne auch nur eine Sekunde darüber nachzudenken, wem er diese wunderbaren Erfindungen zu verdanken hat. Nicht Frau Nokia oder Herrn Siemens, auch nicht Miss Arcor oder Mr. Telekom. Ein Mobiltelefon ist mehr als die Summe seiner Einzelteile. Es ist das Ergebnis eines langen Kampfes für die Freiheit. Für das Recht, Fragen stellen und Grenzen überschreiten zu dürfen; in jedem Mobiltelefon steckt das gesammelte Wissen von Jahrhunderten, von Johannes Gutenberg bis Bill Gates, von Voltaire bis Freud, von Jules Verne bis Erasmus von Rotterdam, von Cervantes bis Melville, von Marie Curie bis Kopernikus, von Isaac Newton bis Thomas Edison, von Theodor Hendrik van de Velde bis Alfred Kinsey, von Henry Thoreau bis Theodor Herzl. Es ist unmöglich, das Produkt eines langen historischen Prozesses zu benutzen, ohne sich dessen bewusst zu sein, wie das Produkt entstanden ist.

Wer sich also für eine Karriere als Barbar entscheidet, sollte kein Mobiltelefon benutzen, keine E-Mails verschicken und keine Atomanlagen bauen dürfen. Er soll seine Nachrichten mithilfe einer Buschtrommel verschicken, auf einem Esel zum Markt reiten und seine Hütte mit Dung heizen. Wer dagegen mobil telefonieren, mit einer Kreditkarte zahlen und in einem vollklimatisierten Schnellzug reisen möchte, der muss darauf verzichten, Leuten, die er nicht mag, die Kehlen durchzuschneiden. Take it or leave it.

Als Samuel Huntington vor inzwischen 15 Jahren in der Zeitschrift »Foreign Affairs« seinen Essay über den »Clash of Civilizations« veröffentlichte, den er später zu einem Buch erweiterte, ist er als kultureller Kriegstreiber und notorischer Schwarzseher verdammt worden. Dabei hatte er nur die multikulturellen Zustände so beschrieben, wie sie damals waren, und ein paar Vorhersagen gewagt, die inzwischen Realität geworden sind. Der Westen ist kulturell in der Defensive, was ihm an Tatkraft fehlt, macht er durch Toleranz wett, während Migranten, die als benachteiligt gelten, ein gesundes Selbstbewusstsein vorleben, um das man sie nur beneiden kann, und das nicht nur, wenn es um die Größe der Moscheen und die Höhe der Minarette geht, die gebaut werden sollen.

Ein 1972 in Berlin geborener Deutschtürke, der als Regisseur und Medienpädagoge arbeitet, sagt in einem Interview, es gebe in Berlin zu viele Deutsche. Gebeten, den Satz zu erläutern, stellt er klar: »Ich bin bestimmt nicht deutschfeindlich, es gibt in Berlin aber einfach Stadtteile, in denen nur sehr wenige Ausländer leben. Ich wünsche mir natürlich nicht weniger Deutsche hier, sondern ein qualitativ ausgeglichenes Verhältnis.«

Man kann die Situation auch mit den Worten des holländischen Fußball-Profis Johan Cruijff beschreiben. Vor einem Länderspiel der Niederländer gegen eine als schwächer geltende Mannschaft warnte er seine Landsleute: »Die können gegen uns nicht gewinnen. Aber wir können gegen sie verlieren.«

Der Satz gilt nicht nur für die Spieler auf dem grünen Rasen, er gilt auch für die Zuschauer auf der Tribüne.

Jetzt schlägt's dreizehn!

Falls Sie bis jetzt dabeigeblieben sind, könnte bei Ihnen der Eindruck entstanden sein, dass ich kein Anhänger der reinen Toleranz und eher bereit bin, der gezielten Intoleranz das Wort zu reden. Ihr Eindruck ist richtig. Ich halte Toleranz für keine Tugend, sondern für eine Schwäche – und Intoleranz für ein Gebot der Stunde.

Natürlich müssen Starke auf Schwache Rücksicht nehmen, die Reichen müssen den Armen helfen und Privilegierte auch mal einen Schritt zurücktreten, um anderen eine Chance zu geben. Aber das alles hat nichts mit Toleranz zu tun, sondern mit Gerechtigkeit. Wobei auch dieser Begriff gewaltig überstrapaziert wird. Inzwischen gilt es als ungerecht, wenn Arbeitslose zu Arbeiten angehalten werden, die sie für unzumutbar halten, und Migranten in Vierteln leben müssen, die nicht zu den besten der Stadt zählen. Das gilt vielen schon als »Diskriminierung«.

Toleranz ist ein soziales Aspirin, nicht für die Leiden der Tolerierten, sondern für die Kopfschmerzen der Tolerierer. »Eure Toleranz bringt uns in Gefahr!«, ruft die deutsch-türkische Soziologin Necla Kelek den Gutmenschen zu, die auch Ehen mit Minderjährigen und die Einfuhr von »Importbräuten« mit den kulturellen Besonderheiten der Migranten erklären. Erst wenn ein Paar auf

einem deutschen Standesamt auftaucht, um eine Ehe bestätigen zu lassen, und die Beamten dabei feststellen,
dass die Braut gerade elf Jahre alt ist, wird die Staatsanwaltschaft eingeschaltet. Und die prüft dann, ob die Ehe
auch bei uns gültig ist, denn sie wurde in der Provinz
Thrakien, das heute sowohl zu Griechenland wie zur EU
gehört, geschlossen, wo für solche Fälle ein islamisches
Gesetz aus dem Jahre 1914 gilt, als ganz Thrakien noch
zum Osmanischen Reich gehörte.

Ein Ausnahmefall, werden Sie jetzt vermutlich sagen,
wie die Regelungen, die den Status der dänischen Minderheit in Nordschleswig bestimmen. So gesehen, ist
Nordschleswig überall.

In den Morgenstunden des 12. Februar 2008 wurden in
der Umgebung der dänischen Stadt Aarhus drei Personen festgenommen, die geplant haben sollen, den dänischen Zeichner Kurt Westergaard zu ermorden. Der 73
Jahre alte Westegaard hatte eine der zwölf Mohammed-
Karikaturen gezeichnet, die am 30. September 2005 von
Jyllands-Posten veröffentlicht wurden: Mohammed mit
einem Turban, in dem eine Bombe versteckt ist. Zwei der
Festgenommenen waren Tunesier, der dritte ein däni-
scher Staatsangehöriger marokkanischer Herkunft, der
bald wieder auf freien Fuß gesetzt wurde.

Die aufgedeckten Mordpläne hätten nichts mit dem Islam zu tun, erklärte daraufhin der dänische Imam Abdul
Wahid Petersen, der vor einigen Jahren zum Islam konvertiert ist, es handle sich um einzelne Personen, die eine
kriminelle Handlung begehen wollten. »Das soll nicht
mit dem Islam verknüpft werden.«

Einen Tag später druckten alle dänischen Tageszeitungen die Mohammed-Karikaturen aus Jyllands-Posten nach – als Zeichen der Solidarität mit Westergaard, der schon seit dem Erstabdruck unter ständigem Polizeischutz leben muss.

Worauf in Gaza, Islamabad und Karatschi Tausende von Menschen auf die Straßen gingen, um gegen die abermalige Veröffentlichung der Karikaturen zu demonstrieren und eine Bestrafung des Zeichners zu fordern. In Gaza brannten dänische Fahnen, in Dänemark wurden Müllcontainer, Autos und Schulen in Brand gesetzt, vor allem in Vierteln mit einem hohen Migrantenanteil.

Noch während die Feuerwehren mit dem Löschen beschäftigt waren, rätselten die Dänen darüber, was die Unruhen ausgelöst haben könnte. War es die diskriminierende Praxis der Polizei, verdächtig aussehende Jugendliche nach Waffen zu durchsuchen, noch bevor sie eine Straftat begangen haben? Oder waren es vielleicht doch die Mohammed-Zeichnungen, die den Zorn der Brandstifter aktiviert hatten? Die Tageszeitung »Berlingske Tidende« ließ einen dänischen Polizisten mit Einwanderungshintergrund und folgender Erklärung zu Wort kommen: »Die sind unangepasst, frustriert, gleichgültig und haben nicht gelernt, auf andere Rücksicht zu nehmen ... Das, was die Jungen haben wollen, ist Aufmerksamkeit. Sie sind aufgewachsen, ohne dass ihre Eltern ihnen jemals zugehört hätten ...«

Und um sich Gehör zu verschaffen, um endlich mit ihren Eltern ins Gespräch zu kommen, mussten sie eben Schulen, Autos und Müllcontainer anzünden. Wer das nicht begreift, der war nie selber jung.

Wie Pia Kjærsgaard von der rechten Dänischen Volks-
partei, die sich nicht scheute, ein paar klare Sätze in die
Debatte zu werfen: »Sie brennen Kinderkrippen in einem
Land nieder, das ihre Eltern und Großeltern gut aufgenommen hat und das ihnen Geborgenheit, kostenlose
Ausbildung, soziale Sicherheit und gute Arbeitsmöglich-
keiten gibt. Ganz ehrlich, glaubt ihr eigentlich selber, ihr
gehört hierher?«

Eine Frage, die von anderen Dänen als ein erneuter Beleg für die in ihrem Land grassierende Fremdenfeindlich-
keit verstanden wurde. Sie fanden es unangemessen,
dass die beiden Tunesier, die von der Polizei festgenommen worden waren, ohne einen Prozess abgeschoben
werden sollten. Das wäre einer Demokratie unwürdig. Einer Demokratie würdig war dagegen eine Demonstration
gegen den Abdruck der Karikaturen, zu der die radikal-is-
lamische Organisation Hizb ut-Tahrir aufgerufen hatte,
um mittels der in Dänemark selbstverständlichen Meinungsfreiheit lautstark deren Abschaffung zu fordern.

Womit wir wieder einmal bei der Frage aller Fragen wären: Was darf eine Demokratie zulassen und was muss
sie verbieten? In horizontal organisierten Gesellschaften,
in denen Wunderheiler und Schulmediziner auf gleicher
Augenhöhe miteinander über die Vor- und Nachteile ihrer jeweiligen Behandlungsmethoden diskutieren, in denen es jeder Frau überlassen bleibt, ob sie eine Burka
oder einen Bikini anziehen will, in Gesellschaften, in denen alle Tabus, bis auf Sex in der Ehe, praktisch aufgehoben wurden, kommt diese harmlos klingende Frage der
Quadratur des Kreises gleich. Am Ende läuft sie auf die

Alternative hinaus: Soll man aus Angst vor dem Tode Selbstmord begehen oder aufhören, den Arzt zu besuchen?

Die Toleranz gebietet es, auch extreme Ansichten hinzunehmen. Zum multikulturellen Repertoire gehören auch Monokulturen, die keine andere Kultur neben sich dulden würden, wenn sie das Sagen hätten.

»A hallmark of liberal, secular societies is supposed to be respect for different cultures, including traditional, religious cultures – even intolerant ones«, schreibt Noah Feldman, Doktor der Islamwissenschaften und Rechtsgelehrter in Harvard.

Außerhalb der Clubräume der Ivy-League freilich gebietet es die Vernunft, solchen Kulturen das Recht auf Entfaltung zu verweigern. Man kann eine Gesellschaft aber auch zu Tode schützen, indem man die Grenzen des Zulässigen immer enger zieht. Andererseits würde eine totale Demokratie genauso kollabieren wie der Straßenverkehr, wenn alle, die ein Auto haben, es zur selben Zeit benutzen würden. Wohin so etwas führt, sieht man in den Internet-Foren, wo jeder Idiot, der »anscheinend« nicht von »scheinbar« unterscheiden, aber einen Computer bedienen kann, nicht nur eine Meinung hat, sondern sie auch verbreitet. Die Aufhebung von Privilegien, wie dem Zugang zur Öffentlichkeit, führt nicht automatisch zu einer Demokratisierung des öffentlichen Diskurses, sondern zu dessen Analphabetisierung.

Dieser Prozess wird durch die Egalisierung der Kulturen auf Kosten der Zivilisation beschleunigt. Kultur ist, wenn Sie Ihrem Nachbarn den Kopf abschlagen und daraus eine Blumenvase machen. Zivilisation ist, wenn Sie dafür ins Gefängnis müssen und nie wieder rauskommen. Während »Kultur« und »multikulturell« hoch im Kurs stehen, wird »Zivilisation« verachtet, weil sie kulturelle Unterschiede zugunsten zivilisatorischer Disziplin aufhebt. Wird der »kulturelle Hintergrund« oft als mildernder Umstand herangezogen, äußert sich der zivilisatorische Fortschritt darin, dass es verbindliche Regeln für alle gibt. Kultur ist Kür, Zivilisation ist Pflicht. Egal, ob Sie ein anatolischer Bauer oder ein rheinischer Philosoph sind, Sie bekommen keinen Bonus und keinen Malus, wenn Sie sich an Ihrer Tochter vergreifen. Deswegen kann es den Begriff »multizivilisatorisch« nicht geben. Es gibt nur »multikulturell«.

Das kommt Wanderpredigern zugute, die Unsinn reden und dafür verehrt werden. In einem Gespräch mit Franz Alt sagte der Dalai Lama: »Ohne uns Menschen ginge es der Erde zurzeit besser als mit uns. Der Mensch ist der größte Schädling auf der Erde. Ohne Menschen gäbe es auch keine Kriege mehr und keine Massenvernichtungswaffen, die alles Leben bedrohen...« Dann lachte der Dalai Lama herzlich und lange über seinen Witz, den er sehr ernst gemeint hatte.

Anfang des Jahres 2003 reiste der Sänger Konstantin Wecker in den Irak, um dort gegen den bevorstehenden Einmarsch der Alliierten »ein Zeichen (zu) setzen«, was damals viele taten, die während der 23 Jahre währenden Herrschaft von Saddam Hussein kein Interesse an jedweder Art von Zeichensetzung zeigten. Es gefiel ihm gut in der irakischen Hauptstadt: »In Bagdad herrscht Handyverbot ... Und auf den Straßen wird man nicht von Werbung erschlagen.« Zurück in Deutschland, »sehnte« sich der Künstler »geradewegs zurück nach Bagdad«, denn: »Wir hier im Westen sind doch hoffnungslos überladen mit Unwichtigem – in Bagdad dagegen sah ich Leben, konzentriert aufs Wichtigste ...«

Mit der Toleranz gegenüber dem vermeintlichen Underdog geht oft auch eine Bewunderung für das Finale und das Totalitäre einher. Die Erde wäre besser dran ohne die Menschen, in den Straßen von Bagdad wurde man nicht von der Werbung, sondern allenfalls von Saddams Schergen erschlagen. Und hinter dem Horizont wartet das wahre Leben, konzentriert auf das Wichtigste. Dieselben Menschen, die es in ihrem Bungalow auf den Malediven keinen Tag ohne Aircondition aushalten, die nur abgekochtes Wasser trinken und mit verbundenen Augen einen Crottin de Chavignol von einem Chaubichou du Poitu nur nach dem Geruch unterscheiden können, verfallen dem wilden Charme des Einfachen, Ursprünglichen – wie ein Koch aus einem elsässischen Drei-Sterne-Lokal, der für sich daheim Buletten mit Bratkartoffeln in die Pfanne haut. Diese Fundamentalisten, die haben noch Ideale, die schrecken vor nichts zurück, während unsereiner sich schon in die Hosen macht, wenn er bei Gelb geblitzt wird. Nur so lässt sich der Eskapismus der reinen Toleranz erklären.

Im Oktober 2006 wurde der Fall einer Angestellten der British Airways bekannt, der von der Fluglinie verboten wurde, ein kleines Silberkreuz offen am Hals zu tragen. Die BA-Kleiderordnung schreibe vor, dass religiöse Symbole unter der Uniform getragen werden müssten, unsichtbar für die Kunden. Die Frau weigerte sich und wurde vom Dienst suspendiert. Es half ihr nichts, als sie darauf hinwies, dass moslemische BA-Mitarbeiterinnen im Dienst den Hijab tragen dürfen, sichtbar für alle; das sei etwas ganz anderes, wurde sie belehrt, »diese Symbole (lassen) sich schlecht unter der Uniform verbergen«.

Die vorbildliche britische Toleranz gegenüber fundamentalistischen Lebensweisen und ihren Symbolen hat auch mit dem demografischen Wandel zu tun, dessen sich die Briten wohl bewusst sind. Wenn »Mohammed« inzwischen »Jack« als beliebtesten Vornamen für Neugeborene abgelöst hat, dann ist es nur vernünftig, sich auf eine Zukunft im Zeichen der Mondsichel einzustellen und die Einführung der Scharia als optionale Alternative zu britischem Recht zu fordern, wie es das Oberhaupt der anglikanischen Kirche, der Bischof von Canterbury, Rowan Williams, Anfang 2008 vorgeschlagen hat, um »soziale Spannungen zu vermeiden«.

Die Anregung des Bischofs löste eine heftige Debatte aus, die noch an Intensität zunahm, als der oberste Richter von England und Wales, Nicholas Phillips, Anfang Juli bei einer Rede im Ostlondoner Muslimischen Zentrum zum Entzücken seiner Zuhörer erklärte, es gebe »keinen Grund, warum Grundsätze der Scharia oder andere Religionsgesetze nicht als Grundlage für außergerichtliche Schlichtungsverfahren dienen sollten«. Allerdings, so der Chefrichter Seiner Majestät, kämen Maßnahmen wie Auspeitschungen, Verstümmelungen oder Steinigungen, die von Scharia-Gerichten verhängt würden, »keinesfalls infrage«.

Auch die britische »Vereinigung polizeilicher Führungskräfte« (Acpo) will den relevanten Minderheiten im Lande entgegenkommen und deren Befindlichkeiten stärker berücksichtigen. Polizeihunde, die bei der Durchsuchung von Moscheen oder Wohnungen von Moslems zum Einsatz kommen, sollen demnächst »Schuhe« mit Gummisohlen tragen. »Wir wollen sicherstellen, dass unsere Einsatzkräfte für religiöse oder kulturelle Besonderheiten sensibilisiert sind, zum Beispiel, wenn Menschen Anstoß daran nehmen könnten, dass sich Hunde in ihrem Wohnraum bewegen«, hieß es in einer Stellungnahme der Acpo. Eine Woche zuvor hatte sich die Polizei im ost-schottischen Tayside dafür entschuldigt, dass auf einem Polizei-Werbeplakat ein Schäferhundwelpe abgebildet war – ein muslimisches Stadtratsmitglied hatte sich darüber beschwert.

Am Vorabend des dritten Jahrestags der Londoner Terroranschläge vom 7. Juli 2005, bei dem 52 Menschen ums Leben kamen, wurde bekannt, dass die Organisation »Projects Abroad«, die Freiwillige an soziale und kulturelle Projekte in aller Welt vermittelt, den Bruder eines der Attentäters für ein Jahr nach Pakistan geschickt hatte, wo die 7/7-Bomber die Kunst des Bombenbauens in einem Al-Qaida-Camp gelernt hatten. Die Mission sollte dem Zweck dienen, die kulturellen Beziehungen zwischen den pakistanischen »Communities« in England und in der alten Heimat zu verbessern und »Brücken zu bauen«.

Nicht nur der Bischof von Canterbury, der Oberrichter von England und Wales und die britischen Polizeihunde, auch die königlichen Kindergärtner wollen einen Beitrag zum Abbau von Vorurteilen leisten. Das »National Children's Bureau«, das jährlich rund 18 Millionen Euro Fördermittel aus öffentlichen Kassen bekommt, hat einen Maßnahmekatalog erarbeitet, um »Rassismus« schon bei Kleinkindern zu erkennen und zu bekämpfen. Bereits eine vermeintlich harmlose Äußerung könnte ein Anzeichen für eine potenziell rassistische Einstellung sein. Reagiert ein dreijähriges Kind mit »Igitt« oder »Bäh« auf fremdartiges Essen, so könnte dies als »rassistisch geprägt« gewertet werden. Die Kindergärtner wurden aufgefordert, »so viele Zwischenfälle wie nur möglich« den Behörden zu melden.

So eilt die britische Gesellschaft dem Zeitgeist entgegen. Und am eiligsten hat es die britische Justiz. Mitte Juni 2008 wurde der Prediger Abu Qatada in London unter Auflagen aus der Abschiebehaft entlassen. Er muss eine elektronische Fußfessel tragen, darf sein Haus in einem vornehmen Londoner Stadtteil nur zwei Stunden pro Tag verlassen und weder ein Handy noch den Computer benutzen, um im Internet zu kommunizieren. Es wurde ihm vom Gericht auch untersagt, Kontakt zu Osama bin Laden aufzunehmen, als dessen »Botschafter« in Europa Abu Qatada gilt.

Der Jordanier kam 1993 mit einem gefälschten Pass der Vereinigten Arabischen Emirate in England an und wurde ein Jahr später als politischer Flüchtling anerkannt. Schnell machte er sich einen Namen als Prediger und Verkünder von Fatwas, die das Töten von Ungläubigen erlaubten. Als er 2001 unter dem Verdacht festgenommen wurde, in die Vorbereitungen für einen Bombenanschlag verwickelt zu sein, wurden bei ihm 170 000 Pfund in bar gefunden. Nach seiner Freilassung mangels Beweisen tauchte er unter, wurde im Herbst 2002 erneut festgenommen, diesmal unter dem Verdacht, mit den Anschlägen von 9/11 zu tun haben, und Anfang 2005 wieder auf freien Fuß gesetzt.

Nachdem er in Jordanien wegen Beteiligung an Terroranschlägen in Abwesenheit verurteilt wurde, kam er im August 2005 in Abschiebehaft, aus der ihn knapp drei Jahre später das Urteil eines Londoner Richters erlöste. Abu Qatada, so der Richter, könne keinen »fairen Prozess« in Jordanien erwarten, zudem sei es möglich, dass das jordanische Urteil gegen ihn auf Geständnissen fußte, die unter Folter zustande gekommen waren. Abu Qatada durfte wieder nach Hause, zu seiner Frau und seinen fünf Kindern, während elf weitere in britischer Abschiebehaft einsitzende Extremisten sich nun auf sein Beispiel berufen können.

Damit nicht genug. Abu Qatada, der nie gearbeitet und niemals Steuern gezahlt hat, bekommt aus der Staatskasse eine Invalidenrente von 8000 Pfund jährlich, weil er ein Rückenproblem hat, das ihm jede Arbeit unmöglich macht. Es ist eine kleine Zuzahlung zu den 45 000 Pfund, die seine Frau als Arbeitslosengeld, Kindergeld und Wohngeld bereits bekommt, damit sich die Familie das Leben in einem 800 000 Pfund teuren Haus im Londoner Westend leisten kann. So viel Toleranz gegenüber mutmaßlichen Terroristen muss sein, alles andere würde den Rechtsstaat aushöhlen.

Zugleich mit dem Fall Abu Qatada, der nicht nach Jordanien ausgeliefert werden darf, weil er dort nach britischen Maßstäben nicht mit einem fairen Verfahren rechnen kann, kam zutage, dass eine islamische Gruppe namens »The Messenger of Allah United Us« bei einem Gericht in Amman Klage gegen Geert Wilders erhoben hatte, den niederländischen »Rechtspopulisten« und Produzenten des Films »Fitna«. Mit Beschluss vom 10. Juni ließ das Gericht die Klage zu. Weil aber nicht anzunehmen ist, dass Wilders freiwillig der Ladung zu einer Verhandlung in Amman folgen wird, kann das jordanische Gericht ihn jederzeit zur Fahndung ausschreiben und Interpol um Hilfe bitten. Was wiederum bedeutet, dass Wilders gut daran tut, Holland nicht zu verlassen. Schon eine Reise ins benachbarte Belgien, wo man Arik Scharon verhaften wollte, als er noch israelischer Ministerpräsident war, wäre mit einem Risiko verbunden.

»The Messenger of Allah United Us« ruft auch zum Boykott holländischer Firmen auf. Zwei von ihnen, »Zwanenburg« (Fleischwaren) und »Frieslands Foods« (Käse), haben daraufhin in jordanischen Zeitungen Anzeigen veröffentlicht, in denen sie sich von Wilders und »Fitna« distanzieren. Worauf ein Sprecher von »The Messenger of Allah United Us« nachlegte: Das wäre nicht genug, es müssten auch Anzeigen in niederländischen Zeitungen geschaltet werden.

Eine schöne Geschichte, werden Sie nun sagen, anschaulich und gruselig zugleich. Wir erleben, wie eine liberale Gesellschaft mit ihren eigenen Waffen geschlagen wird, an ihrer eigenen Toleranz zugrunde geht. Aber warum ist es so? Was treibt die Briten – und in einem etwas geringeren Maße auch die Deutschen, die Franzosen, die

Holländer – dazu, die Bude abzubrennen, in der sie es sich so gemütlich eingerichtet haben?

Über eine Antwort auf diese Frage kann in der Tat nur spekuliert werden. Weil aber sowohl die Volkswirtschaft wie die Psychoanalyse ebenfalls spekulative Disziplinen sind, deren Vertreter retrospektiv immer die richtigen Voraussagen treffen, will auch ich mir eine begründete Spekulation erlauben.

Toleranz ist ein ungedeckter Wechsel auf die Zukunft, ein Angebot an den Sieger von morgen: Ich verschone dich heute, bitte merke es dir gut und verschone mich, sobald du an der Macht bist.

Das ist nicht neu, die Parole »lieber rot als tot« war Ausdruck derselben Haltung. Die Forderung, der Westen sollte einseitig abrüsten, basierte auf derselben Überlegung. Der Utopie des totalen Friedens wurde alles untergeordnet. Wer sich die Freiheit nahm, die tägliche Unterdrückung zu kritisieren, war nicht nur ein Klassenfeind, er war auch eine Gefahr für den Weltfrieden und musste neutralisiert werden. Deswegen war in den Ländern des real existierenden Sozialismus der »Frieden« das wichtigste aller Ziele, nicht die »Freiheit«. Frieden ist relativ einfach herzustellen, am einfachsten durch Unterwerfung. Auch im Dritten Reich und in der Sowjetunion konnte man friedlich leben. Freiheit dagegen muss erkämpft werden, notfalls auch mit Gewalt. Und heute: Angesichts der Unmöglichkeit, den Iran von seinem Atomkurs abzubringen, wird Israel aufgefordert, nukleare Abstinenz zu üben, um mit gutem Beispiel voranzugehen. Man könnte auch mal darüber nachdenken, ob man die Polizei nicht abschaffen sollte, um die Kriminalität effektiver zu bekämpfen.

Es gibt noch eine zweite Quelle, aus der sich die Toleranz gegenüber dem Totalitären speist. Das Unbehagen – nicht an der Kultur, sondern an der Zivilisation, die uns Fesseln anlegt, uns daran hindert, den Barbaren in uns von der Leine zu lassen. Toleranz widerspricht der menschlichen Natur so, wie es ihr widerspricht, die Beute zu teilen.

Man macht es nur, wenn man sich davon einen Vorteil verspricht. Für die einen ist Toleranz eine Investition, die sich irgendwann lohnen wird, für die anderen ein Mittel zum Zweck: Wenn Marx, Lenin, Stalin, Mao und Ulrike Meinhof es nicht geschafft haben, die Gesellschaft umzukrempeln, dann wird das hoffentlich Osama bin Laden und Mahmoud Ahmadinedschad gelingen. Ahmadinedschads Drohungen werden deswegen nicht als bedrohlich empfunden, weil er die Hoffnungen der Frustrierten und Gescheiterten artikuliert, die sich nach einem modernen Robin Hood sehnen, der stellvertretend ihre Rachefantasien verwirklichen soll. Nicht jeder hat das Zeug zu einem Che Guevara oder wenigstens einem Oskar Lafontaine. Die meisten brauchen jemand, der eine Pflugschar in ein Schwert verwandelt und es der Gesellschaft heimzahlt.

»Es scheint hier ein merkwürdiger Selbsthass des Westens auf, der fast nur als etwas Pathologisches begriffen werden kann. Der Westen versucht sich in lobenswerter Weise ganz und gar dem Verständnis fremder Werte zu öffnen, aber er liebt sich selbst nicht mehr.«

Schrieb Papst Benedikt XVI, als er noch Joseph Kardinal Ratzinger hieß.